品牌爆品策略图

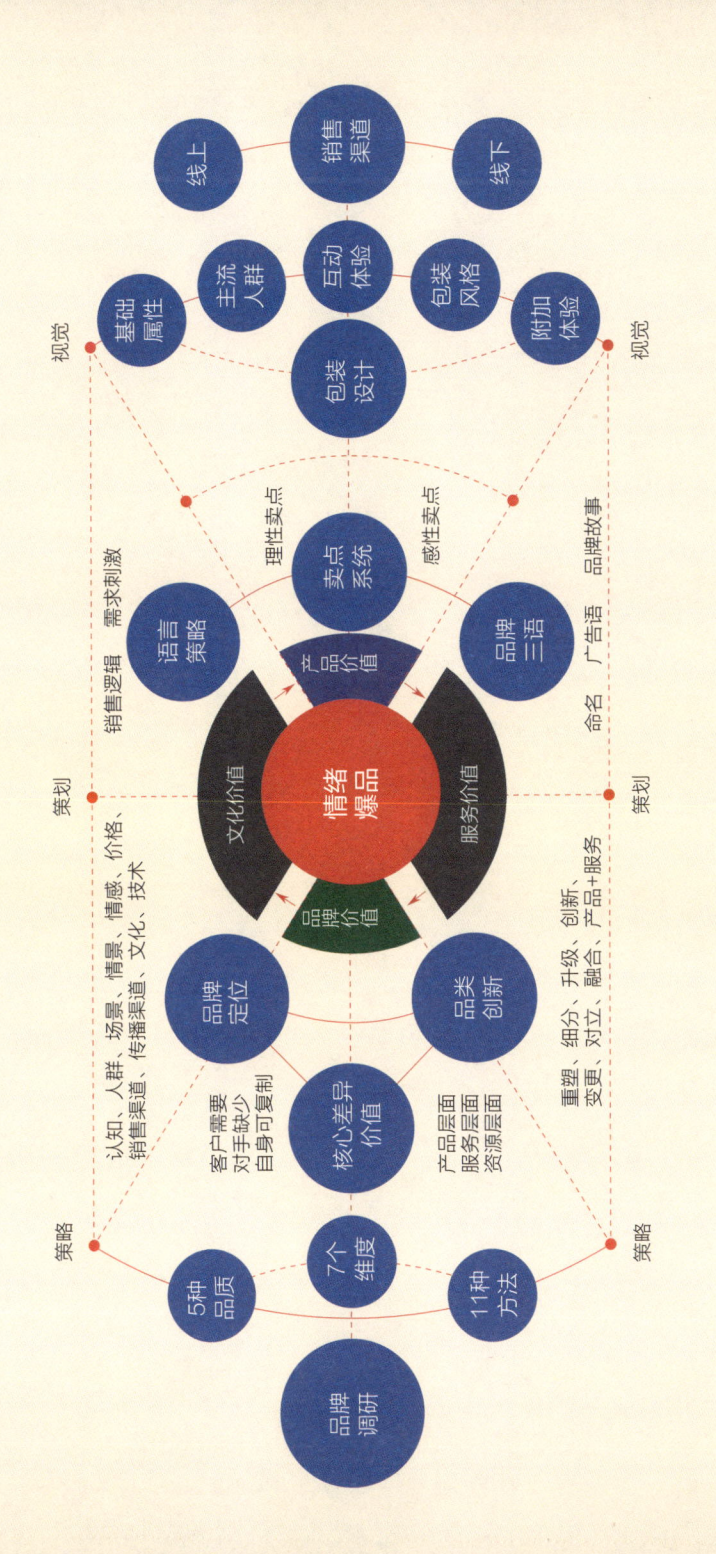

视觉层

- 销售渠道：线上、线下
- 互动体验
- 主流人群
- 基础属性
- 包装风格
- 附加体验
- 包装设计

策划层

- 卖点系统：理性卖点、感性卖点
- 语言策略（销售逻辑、需求刺激）
- 品牌三语：命名、广告语、品牌故事

核心价值

- 情绪爆品
- 文化价值
- 产品价值
- 服务价值
- 品牌价值

策略层

- 品牌定位：认知、人群、场景、情景、价格、情感、价值、销售渠道、传播渠道、文化、技术
- 品类创新：重塑、细分、对立、升级、创新、变更、融合、产品+服务
- 核心差异价值：客户需要、对手缺少、自身可复制；产品层面、服务层面、资源层面
- 7个维度
- 5种品质
- 11种方法
- 品牌调研

情绪爆品

从0到1实战手册

雷远兮 谢省兵 著

机械工业出版社
CHINA MACHINE PRESS

本书结合消费者行为洞察，以情绪为切入点，从情绪爆品的本质研究、基础建设、语言策划以及设计和展示等几个角度详细介绍了情绪爆品打造的方法，并辅以翔实的案例，真正手把手地指导企业如何将情绪价值系统性地植入品牌的每个环节：从产品定位到品牌故事，从包装设计到用户体验，从营销传播到售后服务。每一个触点都是与用户建立情感连接的机会，每一次互动都是深化品牌印象的契机。

无论是初创品牌还是成熟品牌，都能在书中找到适用的策略和灵感，为品牌注入持久的情感价值，增强市场竞争力。

图书在版编目（CIP）数据

情绪爆品：从0到1实战手册 / 雷远兮，谢省兵著. 北京：机械工业出版社，2025. 6. --ISBN 978-7-111-78520-0

Ⅰ. F273.2

中国国家版本馆CIP数据核字第2025VL3975号

机械工业出版社（北京市百万庄大街22号　邮政编码100037）
策划编辑：解文涛　　　　　　责任编辑：解文涛
责任校对：潘　蕊　李　婷　　责任印制：常天培
北京联兴盛业印刷股份有限公司印刷
2025年7月第1版第1次印刷
145mm×210mm・9.625印张・3插页・198千字
标准书号：ISBN 978-7-111-78520-0
定价：69.80元

电话服务　　　　　　　　　网络服务
客服电话：010-88361066　　机　工　官　网：www.cmpbook.com
　　　　　010-88379833　　机　工　官　博：weibo.com/cmp1952
　　　　　010-68326294　　金　书　网：www.golden-book.com
封底无防伪标均为盗版　机工教育服务网：www.cmpedu.com

"商业海洋里没有真正的绝境,只有尚未被发现的季风带。"

——祝所有努力拼搏的奋斗者一路顺风

雷远兮

深圳市脑洞星球品牌策略设计有限公司总经理

(添加作者微信可获取"情绪爆品全景图")

"别惊叹那些秋天收获硕果的人，只因他们掌握了春天耕耘的密码。"

——献给在认知冻土里率先播种的孤勇者

谢省兵

深圳市立正设计顾问有限公司总经理

（添加作者微信可获取"情绪爆品全景图"）

大咖赞誉

叶建荣

甬潮产业理事长，沁园集团创始人，水艺集团董事长，甬潮资本董事长，国家有突出贡献中青年专家，全国优秀科技工作者

情绪爆品既是艺术的表达，也是科学的实践。这本书巧妙地将两者结合，既提供了感性的洞察，也给出了理性的工具。它教会我们如何用情绪打动消费者，同时用商业逻辑实现可持续增长。书中从情绪的角度出发，重新定义了品牌与消费者之间的关系。它提出，情绪不仅是消费者购买决策的驱动力，更是品牌与消费者建立长期关系的纽带。通过情绪共鸣，品牌可以更好地打动消费者，实现商业价值。特别值得一提的是，书中对品牌定位和品类创新进行了深入的探讨。品牌定位不仅是锁定目标市场的关键，更是打造情绪爆品的基础。而品类创新则是品牌破局的捷径，通过品类创新，品牌可以打破市场僵局，实现快速增长。总之，这本书是情绪时代商业革命的必读之作。它不仅为品牌提供了全新的思路，更为我们揭示了未来商业发展的方向。无论你是创业者、品牌经理，还是市场营销人员，这本书都将成为你不可或缺的智慧之选。

汪强博士

深圳迈菲精密有限公司总经理，2021年"十四五"国家重点专项课题负责人，入选2021"科创中国"青年创业榜

真正打动人心的产品，不是更好，而是更懂你。这本书以"情绪"为切口，系统讲透了情绪如何成为品牌穿透人心、驱动转化的核心武器。

它不是空谈感性，而是搭建出一套科学实操的打法：从商机验证、差异价值，到品类创新、语言与包装，层层递进、步步落地。每一种情绪背后，都是具体的营销引爆点；每一个策略，都是帮助品牌找到"人"的那把钥匙。

在注意力稀缺的时代，情绪是最强穿透力。《情绪爆品：从0到1实战手册》不仅是营销工具书，更是品牌人读懂人心的行动指南。

陈波

水润天下投资管理有限公司董事长，中国食药促进会饮用水产业链委员会主任委员

《情绪爆品：从0到1实战手册》最吸引我的是其对"品类创新"的深度解析。作者不仅提出了8种超实用的品类创新方法，还特别强调了品类创新后的关键动作，为品牌提供了从创新到落地的完整路径。此外，书中对"卖点系统"的探讨也极具启发性。作者通过13种理性卖点的打造秘籍和13种感性卖点的激发技巧，帮助品牌实现理性与感性的完美结合。对于希望通过卖点打动消费者的品牌来说，这部分内容无疑是宝贵的实战指南。

李静
东莞市长盈餐饮供应链副总经理

在这个信息过载的时代,品牌如何与消费者建立深度连接?这本书给出了答案:情绪。作者通过大量的案例和工具,展示了如何打造情绪爆品,让品牌与消费者产生共情。这是一本充满智慧和实操价值的书,推荐给所有品牌建设者。

朴宇航(Grace Piao)
新西兰美谷集团亚洲区总经理

这本书是情绪营销的实战指南。作者通过大量的案例分析和实操工具,将情绪爆品打造的每一个环节都讲得透彻明了。无论是产品定位、品类创新,还是语言系统或包装设计,书中的内容都极具启发性和实操性。这是一本值得反复阅读的工具书。

黄玲
大润发M会员店百货部采购总监

《情绪爆品:从0到1实战手册》是一本将情绪营销从理论转化为实战的百科全书。作者通过系统的框架和丰富的案例,为读者提供了一条从商机验证到品牌展示的完整路径。书中的亮点之一是对"商机验证"的深度剖析,从5种创业者必备品质到7个调研维度,再到11种具体调研方法,每一步都极具实操性。无论是初创企业还是成熟品牌,都能从中找到适合自己的方法论。

此外,书中关于"品类创新"的章节尤为精彩。作者提出了8种超实用的品类创新方法,并结合实际案例,详细解析了如何通过品类创新实现品牌破局。对于希望在红海市场中找到蓝海机会的创业者来说,这部分内容无疑是宝藏。

最后,书中对"品牌三语"(命名、广告语、品牌故事)的探讨也让人耳目一新。作者不仅总结了成功命名的6个要素,还提供了讲好品牌故事的7种方法,帮助品牌与消费者建立深度情感连接。这本书不仅是情绪营销的理论指南,更是一本实战手册,值得每一位商业从业者细细品读。

凌玮旋
三珍斋 Key Account 事业部负责人

过去,品牌竞争的核心是功能和价格;如今,情绪价值才是决胜的关键。这本书深入探讨了情绪爆品的本质、情绪爆品的基础建设、情绪爆品的语言系统、情绪爆品的设计与展示,打造真正打动人心的产品和服务。它为品牌提供了一条从功能到情感的进化路径,是每一位创业者和品牌管理者的必读书籍。

吴伟奇
广东八叔公食品发展有限公司总经理

在食品行业打拼多年,我越来越清楚一个道理:味道可以复制,但感觉无法抄袭。

如今的市场,不缺好产品,缺的是好感知。一个消费者愿意反复购买、主动推荐的品牌,往往不是产品的功能最强,而是提供的情绪最动人。《情绪爆品:从0到1实战手册》一书,把"品牌感知力"这件看不见摸不着的事，讲透了、讲实了，还讲出了方法。

它不是教你怎么吆喝，而是教你怎么触动人心；不是教你搞创意，而是帮你构建一个能自带情绪传播力的产品系统。对于我们食品人来说，它就像一本"产品情绪说明书"，让我们知道如何从视觉、包装、场景、文案，到用户故事，都构建出"让人爱吃、想说、能记住"的品牌磁场。

八叔公品牌是情绪爆品从 0 到 1 的受益者，品牌创立 2 年营业额就破亿元。这本书值得每一位正在打造品牌的企业家反复阅读，尤其是想从产品力走向品牌力的朋友。因为，真正的爆品，从来都不是卖出去的，而是走进用户心里的。

华红兵
中国营销泰斗

在商业世界中，情绪已经成为一种新的货币。这本书不仅揭示了情绪爆品的底层逻辑，还提供了系统的方法论和实操工具。无论是初创企业还是成熟品牌，都能从中找到启发。作者通过大量的案例分析和理论构建，将情绪营销从抽象的概念转化为可落地的行动指南，值得每一位商业从业者细细品读。

肖天
中国策划管理指导委员会常务副主席

数字时代给传播带来的只是沟通形式和渠道的变化，而情绪的价值反而愈发凸显。与消费者建立特殊的情感连接和共鸣，赢得他们的信任和认可已经成为中国品牌的未来方向。

侯益森
中国医药卫生研究院顾问，中国品牌策划管理研究院常务副院长

  洞察品牌本质的人，注定拥有更高维度的商业见解。中国品牌已经走进情绪时代，尤其在快消行业，情绪价值已然超过功能价值。

傅文康
赢家智库咨询机构创始人，中国策划管理指导委员会理事

  品牌不仅是代表企业身份的符号，更是一种有性格有温度的价值叙述，深刻触及人类情感连接的本质。而这本书将情绪营销从艺术变为科学。作者通过系统的理论框架和丰富的实操案例，为读者提供了一套完整的情绪爆品打造方法论。无论是商机验证、品牌定位，抑或是语言系统和设计展示，每一个环节都充满了深刻的洞察和实用的建议。这是一本不可多得的理论与实践完美结合的佳作！

张知愚
《品牌定位通识》作者，新华社特约品牌观察员

  作者基于"情绪爆品"的思考，融合了定位理论和品类理论的观点，形成了相对体系化的理论系统，并且基于中国市场现实给出了具体的操作方法，包含全方位的商机洞察、核心差异价值的挖掘、品类创新的方法、卖点系统的打造、包装设计的研究等，本书是定位理论体系化和中国化的一个重要部分。

韩乾源
Undersky 天空见创始人，《品牌势能》作者

在商业竞争日益激烈的今天，品牌如何实现差异化、如何建立持久的竞争优势，已经成为每一个企业家的核心课题。而《情绪爆品：从 0 到 1 实战手册》正是为这一课题提供了全新的战略视角——情绪驱动。

情绪，作为一种深层次的人类需求，正在成为品牌战略的核心要素。传统的战略理论往往聚焦于功能、价格和效率，而这本书则为我们打开了一扇新的大门：通过将情绪融入品牌，品牌可以构建起难以复制的竞争优势。这种竞争优势不仅体现在产品的独特性上，更体现在品牌与消费者之间的情感连接中。

书中对"商机验证"和"品类创新"的探讨，为品牌战略的制定提供了全新的思路。作者提出的 7 个调研维度和 8 种品类创新方法，不仅可以帮助企业找到市场空白点，还为其提供了从创新到落地的完整路径。这种从战略高度出发的方法论，使得品牌能够在激烈的市场竞争中占据先机。

曹征香
某大型传媒集团深圳副总经理

在这个"信息茧房"日益封闭的时代，品牌要想穿透用户的注意力壁垒，靠的不是产品参数，而是情绪共鸣。《情绪爆品：从 0 到 1 实战手册》这本书打通了品牌、产品与用户情绪之间的任督二脉。

它不是讲概念，而是教打法；不是做情绪营销的"嘴替"，而是把操盘手的底牌全都亮了出来。作为15年一线从业者，我看到太多品牌花了钱却打不到用户心里，而这本书，用系统的情绪模型和高密度的实操模板，为品牌打开了一条"爆品之路"的快车道。

每一位想打造现象级产品的操盘手，都应该读一读这本书。它不只是方法论，更是情绪营销实战的兵法地图。

自序一　　在情绪的浪潮中，寻找商业的灯塔

雷远夸

在这个信息爆炸的时代，我们正经历着一场前所未有的情绪革命。社交媒体上，一个简单的表情包可以在 24 小时内获得百万次转发；短视频平台上，一段感人的故事能在短时间内引发全网共鸣；电商直播中，主播的情绪感染力可以直接转化为惊人的销售额。情绪，这个曾经被视为非理性的存在，正在重塑整个商业世界的运行规则。

作为一名长期观察商业趋势的研究者，我见证了太多品牌在情绪浪潮中的起起落落。有的品牌凭借一个精准的情绪触点，在短短数月内实现了从 0 到 1 的突破；有的企业则因为忽视用户的情感需求，在激烈的市场竞争中黯然退场。这些现象促使我深入思考：在这个情绪主导的商业新时代，企业该如何把握情绪的脉搏，打造真正打动人心的产品和服务？

本书的创作源于我对商业本质的持续追问。在传统商业理论中，理性决策、功能价值、性价比等因素长期占据主导地位。但在实际商业实践中，我越来越清晰地看到：真正决定消费者选择的，往往是那些难以用数据量化的情感因素。一个产品的

成功，不仅在于它解决了什么问题，更在于它触动了用户的哪些情感。

创业，就是在不确定中寻找确定性，在逆势中提高胜率，在相对劣势中建立绝对优势。因此，本书希望能为各位读者从上帝视角察看情绪爆品打造的全貌，帮助大家成功地成为某个领域的第一，同时也希望能尽可能地解释市面上任何一个品牌成功背后的原因，从每一个环节上为大家介绍优化的方法和思路。在写作过程中，我们走访了数十家成功运用情绪力量的企业，与上百位创业者、营销专家、心理学研究者进行了深入交流。这些实地调研和深度访谈，让我们对情绪在商业中的应用有了更系统的认知。我们发现，情绪爆品的打造并非偶然，而是有一套可复制、可操作的方法论。

通过大量的案例分析和理论构建，我们总结出了情绪爆品打造的完整体系，这个体系贯穿了从商机验证到品牌展示的全流程。在本书中，我们将从四个板块系统性地拆解情绪爆品的打造方法论：本质洞察，基础建设，语言系统，设计与展示。这四个板块环环相扣，构成了情绪爆品从 0 到 1 的完整路径。

在本质洞察部分，我们将深入探讨如何精准捕捉市场机会和用户情绪。这不是简单的市场调研，而是需要建立一套完整的商机验证体系，从 5 种创业者品质到 7 个调研维度，再到 11 种具体调研方法，帮助读者真正理解用户的情感需求。在基础建设环节，我们将重点分析如何通过精准的品牌定位和品类创新，为品牌建立独特的情绪价值锚点。而在语言系统以及设计与展示层面，我们将探讨如何通过命名、广告语、品牌故事、包装设计等具体载体，让产品的情绪价值得到最大化的表达和传播。

本书的独特之处在于，它不仅提供了系统的理论框架，还包含了大量实操性极强的工具和方法，如13种理性卖点打造秘籍、13种感性卖点激发技巧、8种互动体验设计方法、14种包装风格选择等。这些工具都经过了实际案例的验证，能够帮助读者将理论转化为切实可行的行动方案。每个章节都配备了具体的操作步骤和评估标准，确保读者能够即学即用，快速落地。

因此，这本书的知识点密度是非常高的，我们希望读者朋友把它当作工具书来用，认真地阅读每个章节甚至每个段落，有启发的时候，停下来结合自身品牌思考思考，千万不要为了读完而读。我相信这本书能给大家带来不止一次的启发。在写作过程中，我深刻体会到，情绪爆品的打造不仅是一门科学，更是一门艺术。它需要商业敏锐度，也需要对人性的深刻理解；需要数据分析能力，也需要艺术创造力。这种跨界融合的挑战，正是本书最吸引人的地方。

希望这本书能够为在商业浪潮中探索的企业家和创业者提供一盏明灯，帮助他们在情绪经济的浪潮中找到属于自己的航向。让我们一起，在这个充满不确定性的时代，用情绪的力量创造确定的商业价值。

自序二　　情绪时代的爆品方法论

谢省兵

在这个信息爆炸、选择过剩的时代，"爆品"早已不再是简单的销量神话，而是消费者与品牌之间的一场关于情绪的深度共鸣。传统商业逻辑中"产品为王"的法则依然有效，但今天的产品必须学会与用户对话——不仅要满足功能需求，更要唤醒情感认同，触发心理共振。这正是本书提出"情绪爆品"的底层逻辑：在理性价值与感性体验的交汇处，找到撬动市场的支点。

过去10年间，我深度参与了超过200个新消费品牌的孵化，见证过无数产品的诞生与迭代。一个深刻的体会是：当产品成为情绪表达的载体时，它便获得了超越物理属性的生命力。那些能精准捕捉时代情绪、构建情感连接的产品，往往能在同质化竞争中撕开突破口，甚至重新定义市场规则。这种能力并非偶然的灵感迸发，而是基于系统方法论的科学实践。

本书的创作初衷，正是要拆解"情绪爆品"背后的系统逻辑。从市场调研到品牌定位，从语言策略到视觉传达，每个环节都暗藏着情绪共振的密码。在撰写过程中，我们刻意避免堆砌理论模型，而是将十几年的实战经验转化为可实操的行动指南：

- 5种商机发现品质与7个调研维度的组合，教我们像侦探般捕捉市场暗流。
- 3类核心差异价值，为品牌成为行业第一指明方向。
- 品类创新的8种方法配合卖点系统构建术，破解从0到1的破局难题。
- 语言策略黄金法则与品牌三语系统，打造直击人心的沟通密码。
- 5维包装设计体系与全渠道展示策略，让产品成为会说话的"情绪装置"。

特别需要说明的是，书中每个方法论都配有真实商业案例的拆解。你会发现，元气森林是如何用"0糖"概念撬动碳酸饮料市场的，观夏是怎样用东方香调唤醒文化记忆的，泡泡玛特又是如何将盲盒变成年轻人的情绪收藏品的……这些案例不是简单的成功学故事，而是经过深度剖析的决策逻辑还原。

本书适合三类读者：品牌创始人需要它构建系统化产品思维，营销操盘手可从中获取破圈传播策略，设计师能获得视觉表达的底层逻辑。即便你是刚入行的新人，书中提供的11种调研方法、26种卖点打造法、14种包装风格等实战工具包，也能帮你快速提升专业判断力。

在移动互联网重构消费场景的今天，情绪价值正在成为新的货币。但情绪营销绝非制造噱头，而是基于人性洞察的价值创造。希望这本书能帮助更多产品开发者，在商业理性与用户感性之间找到平衡点，让每一个产品都成为用户愿意主动分享的"情绪信物"。

最后，感谢所有为本书提供案例支持的品牌方，特别要致敬这个时代最具创造力的产品人群体。书中的每个观点都在与你们的商业实践对话，期待未来能共同探索情绪商业的更多可能。

前　言　　情绪驱动商业的未来

在这个信息过载的时代，消费者的注意力已经成为最稀缺的资源。每天，我们都被数以千计的品牌信息轰炸，但能够真正留在记忆中的却寥寥无几。在这样的环境下，传统的功能营销和价格竞争已经难以打动消费者。情绪，这个曾经被商业世界忽视的因素，正在成为品牌脱颖而出的关键。

本书的创作源于一个简单的观察：那些能够在市场上长期立足的品牌，往往都是最懂得调动消费者情绪的高手。它们可能不是技术最先进的，也不是价格最低廉的，但它们一定是最懂人心的。从苹果的"Think Different"到耐克的"Just Do It"，从星巴克的"第三空间"到海底捞的极致服务，这些品牌成功的背后都有一个共同点：它们都深谙情绪营销之道。

然而，情绪营销并不是简单的煽情或制造噱头。它是一门需要系统思考和精心设计的科学。在本书中，我们将深入探讨如何将情绪价值系统性地植入品牌的每个环节：从产品定位到品牌故事，从包装设计到用户体验，从营销传播到售后服务。每一个触点都是与用户建立情感连接的机会，每一次互动都是深化品牌印象的契机。

本书的结构设计遵循了品牌建设的自然逻辑。在第一篇，我们将探讨情绪爆品的本质，帮助读者理解情绪营销的底层逻辑；第二篇聚焦基础建设，阐述如何通过精准定位和品类创新为品牌奠定情绪价值的基础；第三篇深入语言系统，解析如何通过命名、广告语和品牌故事来传递情绪价值；最后，在第四篇，我们将探讨如何通过设计和展示将情绪价值具象化，让消费者能够直观地感知和体验。

在写作过程中，我始终坚持理论与实践相结合的原则。每个理论观点都配有真实的商业案例，每个方法论都提供了具体的操作步骤。无论是初创企业的创业者，还是成熟品牌的营销负责人，都能在书中找到适合自己企业发展阶段的内容。特别值得一提的是，本书包含了大量来自中国本土市场的案例，这些案例更能反映当下中国消费者的情绪特点和市场环境。

情绪营销不是一时的潮流，而是商业发展的必然趋势。随着物质生活的丰富，消费者越来越重视产品带来的情感体验和精神满足。能够准确把握这一趋势的品牌，将在未来的市场竞争中占据先机。希望通过本书的系统阐述，能够帮助更多品牌找到与消费者建立深度情感连接的方法，在激烈的市场竞争中脱颖而出。

最后，我们想强调的是，情绪营销的本质是对人性的理解和尊重。在这个技术日新月异的时代，我们更需要回归商业的本质：满足人的需求，给人创造价值。希望这本书能够成为一盏明灯，指引更多品牌在商业与人文的交汇处找到属于自己的独特价值。

目录 CONTENTS

大咖赞誉
自序一　在情绪的浪潮中，寻找商业的灯塔
自序二　情绪时代的爆品方法论
前　言　情绪驱动商业的未来

第一篇
揭秘情绪爆品的本质

Chapter 1
商机验证：发掘下一个爆品的黄金机会　　…002
　　想发现商机，你得先具备这5种品质　　…002
　　7个维度的调研让你真正找到市场商机　　…005
　　手把手教你11种调研方法　　…027

Chapter 2
品牌核心差异价值：打造独一无二的品牌优势　…032
　　核心差异价值的3个必备要素　　…033
　　3类核心差异价值深度解析　　…036

XXI

第二篇
情绪爆品的基础建设

Chapter 3

品牌定位：精准定位，锁定目标市场 ...042
　　探索品牌定位的新方向 ...042
　　品牌定位和品牌定位语：核心区别 ...044
　　品牌定位时被忽视的 10 个红利 ...047

Chapter 4

品类创新：不做第一就做唯一 ...063
　　品类创新：品牌破局的捷径 ...063
　　8 种超实用的品类创新方法 ...068
　　品类创新之后别忘了做这几件事 ...122

第三篇
情绪爆品的语言系统

Chapter 5

语言策略：用语言打动用户 ...128
　　销售逻辑：真正说服用户的秘密 ...128
　　需求刺激：激发用户的购买欲望 ...132

Chapter 6

卖点系统：让理性与感性完美结合 ...134
　　13 种理性卖点的打造秘籍 ...134
　　13 种感性卖点的激发技巧 ...147

Chapter 7 品牌三语：命名、广告语与品牌故事的艺术 ...169

成功的命名都具备这 6 个要素 ...169

命名也有流行趋势 ...174

广告语策划无非就这 4 类 ...179

讲好品牌故事的 7 种方法 ...192

第四篇
情绪爆品的设计与展示

Chapter 8 包装设计：视觉冲击力，提升产品吸引力 ...198

设计包装之前先要了解产品的 12 种基础属性 ...198

6 类主流人群的偏好与设计策略 ...203

包装设计应该解决的两大核心问题 ...208

情绪爆品的重点：打造互动体验的 8 种方法 ...209

激活情绪的 14 种包装风格 ...239

除了产品本身的体验，还可以设计这 13 种

附加体验 ...253

Chapter 9 产品销售渠道：线上线下无缝衔接的渠道策略 ...274

提升转化率的产品详情页设计 ...274

打造沉浸式购物体验的线下店面空间设计 ...277

作者简介 ...284

情绪爆品
从0到1实战手册

第一篇
揭秘情绪爆品的本质

Chapter 1　商机验证：发掘下一个爆品的黄金机会

Chapter 2　品牌核心差异价值：打造独一无二的品牌优势

Chapter 1
商机验证：发掘下一个爆品的黄金机会

想发现商机，你得先具备这5种品质

在商业世界中，机会无处不在，但并非每个人都能敏锐地捕捉到它们。商机的发现不仅仅依赖运气，更需要一种独特的思维方式和行为习惯。那些能够在市场中脱颖而出的企业或个人，往往具备一些共同的品质。这些品质不仅帮助他们识别潜在的商业机会，还赋予他们将这些机会转化为成功的能力。这些品质是发现商机的基石，也是从0到1打造爆品的关键。接下来，我们将探讨5种重要品质（见图1-1）。

保持高敏感度

保持高敏感度，意味着能够敏锐地察觉到市场的变化和消费者的需求。比如，近年来我国儿童药市场规模呈增长趋势，葵花药业就看准了这个机会，立足打造小葵花儿童药品牌战略，逐渐成长为国内重要的儿童药生产企业。

第一篇　揭秘情绪爆品的本质

1 保持高敏感度
2 敢于打破砂锅问到底
3 敢于挑战传统
4 保持好奇心
5 跨界学习

发现商机的5种重要品质

图 1-1

当基础设施发生升级的时候，也会出现一些新的商业机会。比如，随着智能手机的普及和移动网络的升级，三四线小镇青年的表达欲望支撑了快手，从而衍生出了诸多商业机会。

敢于打破砂锅问到底

敢于打破砂锅问到底，寻找问题的根源。丰田公司有一个"五问"管理法。有一次，丰台公司的前副社长大野耐一发现一条生产线上的机器因为保险丝被烧断而总是停转，虽然每次都及时更换保险丝，但是用不了多久又被烧断，严重影响了该生产线的效率。他认为更换保险丝并没有解决根本问题，于是与工人有了以下问答。

一问："为什么机器停转了？"工人答："因为超负荷了。"

003

二问:"为什么超负荷呢?"工人答:"因为轴承的润滑不够。"

三问:"为什么润滑不够?"工人答:"因为润滑泵吸不上油。"

四问:"为什么吸不上油?"工人答:"因为油泵轴磨损、松动。"

五问:"为什么油泵轴磨损、松动了呢?"工人答:"因为没有安装过滤器,混进了铁屑等杂质。"

通过刨根问底,找到了问题根源——过滤器。

敢于挑战传统

敢于突破思维边界,不拘泥于"行业惯例",往往能够挖掘出被忽视的机会,从而走在行业的前沿。例如,传统酒店行业主要依赖线下接待和标准化服务流程,但 Airbnb 挑战了这一模式。它打破了"住宿必须住酒店"的传统观念,利用共享经济的概念,允许房主将闲置的房产出租给旅行者。

保持好奇心

好奇心是成长和创新的核心驱动力,它激励我们不断探索、理解并关注那些看似熟悉却隐藏潜力的事物。拥有好奇心的人会主动探寻事物背后的原理,乐于挖掘细节,从而发现新的解决方案或改进机会。比如,戴森创始人詹姆斯·戴森对传统吹风机的设计和性能保持好奇心,特别是对噪声大、效率低的问题深感不满。他深入研究发现,传统吹风机的马达效率低且能量浪费严重,于是开始探索将高效数码马达与气流控制技术结合的可能性。最终，戴森推出了革命性的 Supersonic 吹风机，其不仅风速强劲且噪声低，还重新定义了吹风机的设计与功能，成为高端市场的标杆产品。

跨界学习

从其他行业借鉴创新思路和商业模式，将其与自身行业结合，可能会发现新的机会。例如，耐克从游戏行业汲取灵感，推出了 Nike Run Club 应用，利用游戏化元素如跑步挑战、虚拟勋章和排行榜等，激发用户的运动热情。这种跨界学习不仅为消费者带来了更有趣的运动体验，还增强了用户黏性，使品牌在运动装备之外建立了数字化互动的强大生态圈。

7个维度的调研让你真正找到市场商机

成功的机会搜寻从不单靠直觉，而是要通过系统化的调研和分析。商业机会的搜寻不仅仅是发现一时的市场空白，更是要找到能够支撑企业长期发展的核心机会。通过7个维度的调研（见图1-2），企业可以更全面地掌握市场和自身情况，从而精准锁定最具潜力的细分市场和商业机会。

7维调研的内容决定了企业对市场的认知深度，帮助企业清晰定位自己在竞争中的位置。通过了解市场趋势、洞察用户需求、挖掘自身优势、分析竞争格局、研究行业生态、判断商业机会和验证商业机会，企业能够制定更加精准的战略目标。调研内容是整个调研工作的基础，它不仅影响后续的策略制定，还为调研方法提供了明确的方向。要确保调研的成果对企业有实质性的指导作用，就必须从多个角度深入挖掘、分析市场及行业的真实状况。

图1-2

7维调研

1. 了解市场趋势
2. 洞察用户需求
3. 挖掘自身优势
4. 分析竞争格局
5. 研究行业生态
6. 判断商业机会
7. 验证商业机会

了解市场趋势

想要找到适合企业的商机，首先得看清市场的走向。市场趋势是企业制定战略和决策的重要依据，它决定了未来的机会和挑战。通过对宏观市场、政策法规、社会文化趋势的研究，企业可以发现哪些用户需求还没有得到满足，哪些新兴的机会可以抓住，从而找到适合自身的市场机会。

1. 宏观市场研究

宏观市场研究是了解市场趋势的基础。它关注的是宏观经济、行业变化以及消费者行为的演变。例如，人口结构的变化、消费习惯的转变和新兴市场的崛起，都是宏观市场研究的重要内容。

- 人口结构变化：随着老龄化社会的到来，银发经济成为新的增长点；而年轻一代的崛起则推动了消费升级和个性化需求的增长。
- 消费习惯转变：从线下购物到线上消费，从追求性价比到注重品质和体验，消费者的需求正在发生深刻变化。
- 新兴市场崛起：随着全球化的深入，新兴市场如东南亚、非洲等地区成为企业拓展业务的新蓝海。

通过对这些趋势的分析，企业可以更好地定位自己的产品和服务，让决策更具前瞻性。

2. 政策法规研究

政策法规是市场环境的重要组成部分，对企业的发展有着直接的影响。通过跟踪政府出台的相关政策，企业不仅可以确保业务合规，还能发现新的发展领域。

- 行业支持政策：例如，新能源、绿色环保等行业的政策支持为企业提供了新的增长机会。
- 监管政策变化：数据隐私保护、反垄断法等法规的出台，要求企业调整运营模式，同时也可能催生新的商业机会。
- 区域发展政策：政府推动的区域经济一体化或特定区域的发展计划，可能为企业带来新的市场空间。

政策法规研究可以帮助企业规避风险，同时抓住政策红利带来的机遇。

3. 社会文化趋势研究

除了经济和技术因素，社会文化趋势也对市场有着深远影响。消费者的文化背景、代际差异和价值观的变化会直接影响他们的购买决策。

- Z世代的价值观：Z世代（1997—2012年出生）倾向于支持可持续发展和企业的社会责任，他们更愿意为环保、公益相关的品牌买单。
- 千禧一代的需求：千禧一代（1981—1996年出生）更注重个性化和创新的产品体验，他们追求独特性和品牌的情感共鸣。
- 文化多样性：全球化背景下，多元文化的融合为企业提供了跨文化营销的机会，同时也要求企业更加注重本地化策略。

洞察用户需求

了解用户真正想要什么，是挖掘商机的关键。只有深入了解用户的偏好、购买行为和"痛点"，企业才能精准定位产品的价值主张，开发出真正符合市场需求的产品和服务。用户需求不仅是产品创新的起点，也是企业持续增长的动力源泉。

1. 用户画像与行为分析

想要更好地理解用户，首先需要构建清晰的用户画像，并分析他们的行为模式。用户画像不仅包括年龄、性别、职业、家庭构成、学历、收入水平、消费特征等基础属性，还包括性格、价值观、生活方式、嗜好、烦恼、愿望等心理属性。

- 基础属性：例如，年轻群体不仅仅是年龄上的划分，更是心态上的定义。Z世代和千禧一代的消费行为差异显著，前者更注重个性化和社交属性，后者则更看重品质和实用性。
- 心理属性：通过分析用户的生活方式、价值观和情感需求，企业可以更深入地理解他们的购买动机。例如，环保主义者更倾向于选择绿色环保的产品，而追求效率的消费者则更关注产品的便捷性。
- 行为路径：掌握用户的购买路径和决策过程，可以帮助企业优化营销策略和产品设计。例如，通过分析用户从搜索、比较到购买的完整流程，企业可以识别出影响决策的关键节点，并有针对性地优化用户体验。

这些信息是制定精准营销策略和产品开发方向的"指南针"，能帮助你在纷繁复杂的市场中找到合适的方向。

2. 用户需求痛点分析

每个用户都有自己的"痛点"，这些痛点往往是改进和创新的突破口。通过市场调研和用户反馈，企业可以识别出用户对现有产品或服务的不满之处，或发现新的消费趋势。

- 识别痛点：例如，用户可能对现有产品的功能、价格、服务或体验存在不满。这些痛点可能是产品改进的方向，也可能是新产品的灵感来源。
- 趋势洞察：随着社会的发展，用户的需求也在不断变化。例如，越来越多的人关注健康、环保或便利性。抓住这些未被满足的需求，产品就有了更大的竞争优势。
- **解决方案**：通过解决用户的痛点，企业可以创造差异化的价值主张。例如，戴森通过解决传统吸尘器噪声大、效率低的问题，推出了革命性的无叶风扇和吸尘器，迅速占领了市场。

3. 情感需求与购买动机

用户的购买行为不仅仅是基于理性需求，情感也在其中起着关键作用。有时，用户买的不仅是产品本身，更是一种情感连接。

- **情感连接**：例如，奢侈品不仅仅是高质量的产品，更是一种身份和地位的象征。通过满足用户的情感需求，企业可以建立更强的品牌忠诚度。
- **购买动机**：通过情感需求调研，企业可以激发用户的购买欲望。例如，星巴克通过营造"第三空间"的概念，满足了消费者对社交和放松的情感需求，从而占据了市场中有利的位置。
- **品牌故事**：情感需求也可以用品牌故事来满足。一个打动人心的品牌故事可以增强用户的情感共鸣，从而提升品牌的吸引力。

4. 用户体验分析

通过绘制用户体验流程地图，企业可以全方位了解用户在使用产品或服务时的每一个接触点和潜在痛点。

- 接触点分析：从用户第一次接触品牌到最终完成购买，每一个环节都可能影响用户的决策。通过优化这些关键环节，企业可以提升用户的满意度和忠诚度。
- 痛点优化：例如，电商平台可以通过简化支付流程、提升物流速度来优化用户体验；线下门店则可以通过改善服务态度、优化陈列布局来提升用户满意度。
- 口碑传播：好的体验会说话，满意的用户会为企业带来更多的口碑传播。通过持续优化用户体验，企业不仅可以提升市场竞争力，还能通过用户的自发传播扩大品牌影响力。

挖掘自身优势

企业要想从市场竞争中脱颖而出，必须充分挖掘自身的优势。通过深入分析自身的资源、能力、品牌价值和创新能力，企业能够找到与市场需求和竞争格局相匹配的差异化定位，从而构建持久的竞争力。自身优势不仅是企业立足市场的根基，也是企业实现持续增长的核心驱动力。

1. 核心资源分析

核心资源是企业赖以竞争的基础，包括物质资源、人力资源和财务资源。通过评估这些资源的独特性和稀缺性，企业可以识别出在市场竞争中可用的关键优势，确保在生产、创新和扩展中具备持续的竞争力。

- 物质资源：例如，独特的生产设备、专利技术或供应链优势可以帮助企业在成本控制或产品质量上实现差异化。

- 人力资源：优秀的管理团队、研发人才或销售团队是企业竞争力的核心。通过培养和保留关键人才，企业可以持续推动创新和增长。
- 财务资源：充足的资金储备或融资能力可以帮助企业在市场波动中保持稳定，抓住扩张或并购的机会。

通过全面评估核心资源，企业可以明确自身的优势，并将其转化为市场竞争中的胜势。

2. 核心能力与专长

企业的核心能力决定其在市场中的地位。无论是运营能力、研发能力，还是营销能力，优化这些核心专长都能帮助企业提高效率、推动创新，最终形成独特的竞争壁垒。

- 运营能力：高效的运营体系可以帮助企业降低成本、提升效率。例如，丰田的精益生产模式使其在汽车行业中保持了长期的竞争优势。
- 研发能力：强大的研发能力是企业创新的源泉。例如，苹果通过持续的技术创新，不断推出引领市场的产品，巩固了其在科技行业的领导地位。
- 营销能力：精准的营销策略可以帮助企业快速占领市场。例如，耐克通过品牌故事和情感营销，成功塑造了全球领先的运动品牌形象。

通过聚焦和优化核心能力，企业可以在市场中建立难以模仿的竞争壁垒。

3. 品牌价值与用户忠诚度

品牌是企业最宝贵的资产之一。强大的品牌价值和高忠诚度的用户群可以帮助企业稳固市场份额，减少对过度营销的依赖，并通过口碑效应实现长期增长。

- 品牌价值：例如，路易威登和爱马仕等奢侈品品牌通过长期积累的品牌价值，不仅赢得了高端市场的青睐，还实现了高溢价。
- 用户忠诚度：高忠诚度的用户群是企业稳定收入的保障。例如，星巴克通过会员体系和个性化服务，成功培养了大量的忠实用户。
- 口碑效应：满意的用户会自发传播品牌，为企业带来更多的潜在用户。例如，特斯拉通过用户口碑和社交媒体传播，迅速扩大了品牌影响力。

通过持续提升品牌价值和用户忠诚度，企业可以在市场中建立长期的竞争优势。

4. 文化与价值观

企业文化和价值观是内部凝聚力和创造力的重要来源。拥有积极文化的企业往往能提升员工的创造力和工作效率，同时也能在社会责任和可持续发展方面树立良好的品牌形象，吸引更多的忠实用户和合作伙伴。

- 内部凝聚力：例如，谷歌通过开放、创新的企业文化，吸引了全球顶尖人才，并持续推动技术创新。

- 社会责任：越来越多的消费者关注企业的社会责任表现。例如，Patagonia通过环保和可持续发展的理念，赢得了大量忠实用户。
- 品牌形象：积极的企业文化和价值观可以提升品牌的社会影响力。例如，阿里巴巴用"让天下没有难做的生意"的口号树立了良好的社会形象。

分析竞争格局

要在市场中找到自己的位置，企业必须了解竞争对手的动向和行业动态。通过分析竞争格局，企业能够在激烈的竞争中找到差异化的机会，避免直接冲突，突出自身的独特优势。对竞争格局的分析不仅能帮助企业识别市场机会，还能为企业制定战略提供重要依据。

1. 市场竞争现状

根据市场占有率来判断该行业的市场情况，可以帮助企业明确自身所处的竞争环境。常见的市场类型包括以下几种。

- 完全竞争市场：众多卖家提供同质产品，价格由市场决定，进入门槛低。例如，农产品市场是一个典型的完全竞争市场。
- 垄断竞争市场：企业通过产品差异化竞争，虽然有定价能力但受限于竞争者的数量。例如，餐饮和服装市场属于垄断竞争市场。
- 寡头市场：少数几家大型企业主导市场，具有较强的定价能力，进入门槛高。例如，石油和汽车市场是典型的寡头市场。
- 完全垄断市场：只有一个企业控制市场，拥有绝对的定价权，通常因法律或技术壁垒而形成。例如，某些公共产品的市场属于完全垄断市场。

通过分析市场竞争现状，企业可以更好地理解行业的竞争强度和发展潜力，从而制定相应的战略。

2. 竞争对手分析

通过分析竞争对手的市场份额、产品策略、定价策略、渠道布局和营销手段，企业可以识别对手的强项和弱点，从而找到机会进行差异化竞争。

- 市场份额：了解竞争对手的市场份额，可以帮助企业评估其市场地位和影响力。
- 产品策略：分析竞争对手的产品线、功能设计和创新方向，可以帮助企业找到差异化的机会。
- 定价策略：了解竞争对手的定价模式，可以帮助企业制定更具竞争力的价格策略。
- 渠道布局：分析竞争对手的销售渠道和分销网络，可以帮助企业优化自身的渠道策略。
- 营销手段：研究竞争对手的营销活动和品牌传播方式，可以帮助企业制定更有效的营销策略。

通过全面的竞争对手分析，企业可以找到自身的差异化定位，避免直接竞争，突出独特优势。

3. 行业壁垒与新进入者

有些行业有高门槛，如品牌忠诚度、专利保护等。了解这些壁垒以及新进入者的潜在影响，能够帮助企业在策略上提前做出调整，保持市场优势。

- 品牌忠诚度：在某些行业，消费者对现有品牌的忠诚度很高，新进入者难以打破这种壁垒。例如，奢侈品行业的高品牌忠诚度使得新品牌难以进入。
- 专利保护：技术密集型行业通常依赖专利保护来维持竞争优势。例如，制药行业的高研发成本和专利壁垒使得新进入者难以快速占领市场。
- 规模经济：某些行业需要大规模生产才能实现成本优势，这为新进入者设置了较高的门槛。例如，汽车制造业的规模经济效应使得新品牌难以与现有巨头竞争。

通过分析行业壁垒，企业可以提前制定应对策略，保持市场优势。

4. 替代产品研究

替代品往往来自不同的行业，或利用新的技术满足相同的需求。企业需要关注这些替代品的崛起，因为它们可能以更低的价格或更便捷的方式吸引消费者。

- 技术替代：例如，打车应用取代传统出租车，流媒体平台取代有线电视。这些替代品通过技术创新改变了行业的竞争格局。

- 功能替代：例如，智能手机的普及使得相机、MP3播放器等单一功能设备逐渐被淘汰。企业需要关注这些功能替代的趋势，及时调整产品策略。
- 价格替代：例如，快时尚品牌通过低价策略吸引了大量消费者，对传统服装品牌形成了冲击。

通过研究替代产品，企业可以提前预判市场变化，制定应对策略。

5. 竞合关系研究

有时，竞争对手也是潜在的合作伙伴。了解这种竞合关系，能帮助企业更好地应对复杂的市场环境。

- 技术合作：例如，一些技术公司虽然在某些领域竞争，但在其他领域却通过合作实现扩张。例如，苹果和三星在芯片领域达成了合作。
- 市场联盟：例如，航空公司通过联盟合作共享用户资源，提升市场竞争力。
- 供应链合作：例如，汽车制造商与零部件供应商的合作可以优化供应链效率，降低成本。

研究行业生态

在评估市场机会时，研究行业生态是关键一步。行业生态指的是整个行业的上下游关系，包括供应链、合作伙伴、技术支持等。全面了解行业生态，有助于企业在市场中找到最佳的合作机会，构建起完整的商业闭环，确保企业的长期发展和竞争力。行业生态的研究不仅能帮助企业优化资源配置，还能为企业的战略决策提供重要依据。

1. 上下游关系

通过分析供应商、生产商和分销商之间的关系，企业可以了解行业内各环节的动态，确保在采购、生产和分销环节上占据优势。

- 供应商关系：了解供应商的成本结构、生产能力以及合作模式，可以帮助企业优化采购流程，降低原材料成本。例如，苹果通过与全球顶级供应商建立长期合作关系，确保了供应链的稳定性和成本优势。
- 生产环节：分析生产环节的效率和技术水平，可以帮助企业提升产品质量和生产效率。例如，特斯拉通过垂直整合生产环节，实现了对供应链的全面控制。
- 分销渠道：研究分销商的覆盖范围和服务能力，可以帮助企业优化市场布局。例如，耐克通过线上线下全渠道布局，提升了产品的市场渗透率。

通过全面了解上下游关系，企业可以优化供应链，降低成本，提升市场竞争力。

2. 行业合作伙伴

行业中的合作伙伴关系决定了企业在生态系统中的角色。通过与关键供应商、技术提供商以及分销商建立稳固的合作，企业能够增强自己的竞争优势，同时提升对市场变化的反应速度。

- 供应商合作：与核心供应商建立战略合作关系，可以确保原材料的稳定供应和成本优势。例如，星巴克通过与咖啡豆种植户的直接合作，确保了高品质原材料的供应。
- 技术合作：与技术提供商合作，可以加速产品创新和技术升级。例如，华为通过与全球领先的技术公司合作，推动了5G技术的快速发展。
- 分销合作：与优质分销商合作，可以提升产品的市场覆盖率和销售效率。例如，宝洁通过与大型零售商的合作，实现了产品的广泛分销。

通过建立稳固的合作伙伴关系，企业可以在行业生态中占据有利位置，提升市场竞争力。

3. 技术与创新支持

了解行业生态还包括分析行业中的技术创新能力，尤其是那些推动整个行业发展的技术和研发力量。

- 技术趋势：了解行业内的最新技术、研发趋势和突破性创新，能够帮助企业在产品开发和市场布局上占得先机。例如，人工智能和大数据技术的应用正在改变多个行业的竞争格局。
- 外部合作：企业可以通过与技术公司、科研机构合作，获取技术支持，加速产品创新。例如，制药公司通过与生物技术公司合作，推动了新药的研发。

- 技术平台：利用行业内的技术平台，可以降低研发成本，提高产品的市场竞争力。例如，云计算平台为中小企业提供了低成本的技术支持。

通过关注技术与创新支持，企业可以保持技术领先，推动产品创新。

4. 行业整合与并购机会

深入了解行业生态也有助于发现行业中的整合机会。通过收购上下游企业或与之结成战略联盟，企业能够打通整个供应链，构建完整的商业闭环，提高市场的控制力和竞争壁垒。

- 垂直整合：通过收购上下游企业，企业可以实现对供应链的全面控制。例如，亚马逊通过收购物流公司，优化了配送效率。
- 横向整合：通过收购竞争对手，企业可以扩大市场份额，提升市场地位。例如，Facebook通过收购Instagram和WhatsApp，巩固了其在社交媒体领域的领导地位。
- 战略联盟：与上下游企业结成战略联盟，可以优化资源配置，提升市场竞争力。例如，汽车制造商与电池生产商的合作推动了电动汽车的发展。

判断商业机会

发现一个潜在的市场机会只是开始，关键是要判断这个机会是否真的值得投入时间和资源。毕竟，抓住一个好机会可以让企业快速起飞，但如果选择错了方向，可能会浪费大量的资源和精力。为了避免盲目行动，企业需要系统地评估商业机会，确保每一步都基于理性的分析。

1. 符合用户认知

无论产品功能多么独特或创新，首先得符合用户的认知，产品才有可能在市场中取得成功。即便某些功能组合在技术上可行，但若消费者无法自然地把它们与自己的需求联系起来，这样的产品可能就很难打动市场。

- 案例：例如，我们曾遇到一个客户开发了一款能提醒吃药的水杯。虽然产品看似创新且解决了多个痛点，但消费者不会将"提醒吃药"与水杯联系起来。尽管我们提醒客户这一认知偏差，但客户并未采纳我们的建议，结果产品上市后不久便宣告失败。
- 启示：企业在设计产品时，必须考虑用户的认知习惯和需求场景，确保产品功能与用户的自然联想一致，否则再好的技术也可能无法转化为市场成功。

2. 市场需求的迫切度和持久性

判断一个机会是否值得投资，还要看市场需求够不够迫切。简单来说，就是用户是否真的需要相关产品或服务，这种需求到底是暂时的还是长期存在的。

- 用户调研：通过用户调研与数据分析，了解用户的真实需求和购买动机，看看他们是否愿意为你的产品买单。
- 历史数据：结合历史数据，预测未来需求的变化趋势，确保这个市场不是昙花一现。例如，健康食品的市场需求近年来持续增长，而某些时尚潮流则可能迅速消退。
- **持久性评估**：例如，环保产品的市场需求随着全球可持续发展趋势的加强而持续增长，而某些季节性产品的市场需求则可能具有明显的周期性。

通过评估市场需求的迫切度和持久性，企业可以规避短期或虚假的市场机会。

3. 市场规模和增长率

光有需求还不够，市场的规模也很重要。行业规模越大，细分赛道的潜力才会越大。

- **市场规模**：评估时要考虑市场总体容量，包括具体分析各个细分品类的销售占比、线上和线下渠道占比等。
- **市场增长率**：如果市场增长率高于10%甚至20%，说明这是高速增长的增量市场。例如，电动汽车市场近年来保持高速增长，吸引了大量企业进入。
- **细分潜力**：例如，在健康食品市场中，植物基食品和功能性饮料等细分品类近年来增长迅速，成为新的市场热点。

通过分析市场规模和增长率，企业可以判断市场的潜力和发展空间。

4. 竞争壁垒和进入难度

评估一个市场机会时，还要看进入难度和竞争壁垒。如果进入这个市场需要跨越很高的技术门槛，或者该市场已有巨头牢牢掌控，企业需要衡量能否有效突破这些障碍。

- 技术壁垒：例如，半导体行业的技术门槛极高，新进入者难以快速突破。
- 品牌壁垒：例如，奢侈品行业的品牌忠诚度极高，新品牌难以打破现有格局。
- 法规壁垒：某些行业存在复杂的法规要求，例如，医药行业有复杂的临床试验和审批流程。
- 低门槛风险：如果门槛过低，市场可能很快进入红海竞争，导致"未老先衰"。例如，共享单车市场因进入门槛低，迅速陷入价格战，导致资源浪费。

通过评估竞争壁垒和进入难度，企业可以判断自身是否具备进入市场的条件和能力。

5. 财务可行性和投资回报

一个好的机会不仅要看市场和竞争环境，还得看财务回报是否可观。

- 资金需求：明确投入的资金需求，包括研发、生产、营销等环节的成本。
- 毛利率与净利润：计算产品的毛利率和净利润，确保财务模型的健康性。
- 投资回报率（ROI）：预测投资回报率，评估企业需要多长时间收回成本，以及后续的盈利空间有多大。
- 财务风险：例如，某些高科技行业需要巨额研发投入，企业需评估自身是否有足够的资金支持。

通过财务可行性分析，企业可以确保进入市场后的盈利能力和可持续性。

6. 时机把握

市场机会的成功与否，很大程度上取决于企业能否把握正确的时间窗口。太早可能市场不成熟，太晚则可能被竞争对手抢先。

- 市场阶段：判断市场目前处于初期、成长期还是成熟期。例如，人工智能市场目前处于成长期，仍有大量机会。
- 竞争对手反应：评估现有竞争对手的反应速度，看看是否有机会快速抢占市场，或者是否会面临强烈的竞争反击。
- 时间窗口：例如，智能手机市场的早期进入者如苹果和三星占据了主导地位，而后期进入者则面临更大的竞争压力。

通过把握时机，企业可以在市场机会成熟时迅速行动，抢占先机。

7. 企业自身的资源与能力匹配

最后，判断商业机会还需要看企业自身的资源和能力是否与机会匹配。机会再好，如果企业无法执行，最终也无法成功。

- 技术能力：例如，开发高端芯片需要强大的技术团队和研发能力。

- 团队能力：评估团队的执行力和经验是否足以支持机会的把握。
- 资源集中：确定企业的资源是否足够集中在这个机会的核心环节，避免分散资源降低成功概率。
- 合作与外包：如果企业自身能力不足，是否可以通过合作或外包来解决。例如，初创企业可以通过与成熟企业合作，快速进入市场。

验证商业机会

识别到潜在的市场机会后，企业还需要进行验证，确保这些机会真正具备可行性，降低投资风险。验证商业机会是确保资源高效利用的关键步骤，它帮助企业避免盲目投入，确保每一步都基于实际数据和市场反馈。

1. 概念验证

通过测试产品或服务的概念了解用户的初步反应，可以帮助企业在大规模投入前判断产品是否符合市场需求，从而降低项目失败的风险。

- 目标：验证产品的核心价值主张是否能够打动目标用户。
- 方法：例如，通过焦点小组、问卷调查或原型测试，收集用户对产品概念的反馈。
- 案例：例如，Dropbox 在正式推出前，通过一个简单的演示视频验证了用户对云存储服务的兴趣，获得了大量早期用户注册。
- 关键点：概念验证的重点是测试用户对产品的兴趣和需

求，而不是追求完美的产品功能。

通过概念验证，企业可以在早期阶段识别潜在问题，避免后续大规模投入的风险。

2. 小规模试点

企业可以在某个特定区域或人群中推动小规模试点，以评估商业模式的可行性，并收集用户反馈。

- 目标：验证产品或服务在实际市场中的表现，优化商业模式和运营策略。
- 方法：例如，选择一个小型市场或特定用户群体进行试点，测试产品的功能、价格、渠道和营销策略。
- 案例：例如，星巴克在推出新饮品时，通常会在部分门店进行试点，根据顾客反馈调整配方和营销策略。
- 关键点：在试点阶段，应优先降低固定成本，避免大规模投入。例如，服装品牌可以先生产大众尺寸和热门颜色，而不是一次性推出所有款式。

通过小规模试点，企业可以在全面投入前优化产品和服务，降低市场风险。

3. 风险评估与管理

在验证商机的过程中，企业还需要对潜在的风险进行全面的评估与管理，包括技术、市场和法规方面的风险。

- 技术风险：例如，产品技术是否成熟，是否存在技术瓶颈。

- 市场风险：例如，市场需求是否稳定，竞争对手的反应如何。
- 法规风险：例如，产品是否符合相关法规要求，是否存在政策变化的风险。
- 应对方案：提前制订风险应对计划，如技术备份方案、市场调整策略或合规审查流程。

通过全面的风险评估与管理，企业可以在产品推出后更好地应对各种挑战。

4. 数据驱动的验证

借助大数据、市场预测模型和消费者行为追踪工具，企业可以用更加科学的方式进行商机验证。

- 目标：通过数据分析和市场预测，客观评估市场机会的可行性和潜力。
- 方法：例如，利用消费者行为数据、市场趋势分析和预测模型，评估产品的市场需求和增长潜力。
- 案例：例如，Netflix 通过大数据分析用户观看习惯，精准预测热门内容，从而优化内容制作和推荐算法。
- 关键点：数据驱动的验证应注重可行性，而不是追求用户数量、收入规模或增长率等"虚荣指标"。

手把手教你 11 种调研方法

7 维调研有很多种方法，关键是找到最适合自己企业的方式。通过这些方法，企业可以更清楚地了解市场现状、用户需求和产品定位，进而制定更有效的战略。图 1-3 是几种常用的调研方式。

图 1-3

焦点小组访谈

焦点小组访谈就是找一群目标用户一起聊聊，听听他们对产品、品牌或者市场的看法。通过大家的互动讨论，企业不仅能了解到用户的需求和期望，还能发现不同群体的共性和差异。这种访谈需要专业的引导员来主持，确保话题不跑偏，并鼓励参与者真实表达他们的想法，比较适合用来测试新产品概念、了解品牌认知度，或者收集用户体验和广告创意方面的反馈。

深度访谈

深度访谈是与用户进行一对一的深入交流，通过这种方式，企业能详细了解用户的需求、态度和行为。这种访谈适合挖掘复杂问题，有助于企业更好地理解用户的行为动机和潜在需求。深度访谈的灵活性很高，企业可以根据用户的回答调整问题，深入挖掘问题背后的原因，特别适合需要分析用户深层次动机、细分需求或面对复杂购买决策的场景。

专家访谈

与行业专家交流，能够让企业获得对市场趋势、技术发展和政策变化的前瞻性见解。这些洞察有助于企业更好地制定长远战略，避免在未来的竞争中落后。专家访谈不仅限于行业内的专家，还可以邀请技术、政策或学术领域的专家参与，从多个维度获取信息。

企业内部访谈

企业内部也藏着不少重要信息。通过与管理层和各部门员工进行访谈，企业可以更好地了解自身的战略规划、运营模式和市场营销策略，确保外部市场调研与内部资源相匹配。做内部访谈时，不仅要和管理层聊，还要覆盖生产、销售、市场等不同部门的员工，确保全面了解企业的优势和挑战。企业内部访谈特别适用于业务优化、组织变革和新战略的制定。

问卷调查

问卷调查是一种高效的方式，企业可以通过结构化的问卷向大量用户收集数据，了解他们的偏好、购买行为和市场规模。这种方法既可以线上进行，也可以线下展开。问卷设计要简洁明了，问题需要结合开放式和封闭式，确保获取的信息既全面又易于分析。

大数据分析

利用大数据技术，企业能够从用户的购买行为、偏好、社交互动等多维数据中提取有价值的洞察。这不仅能帮助企业进行市场细分，还能精准地制定产品开发和营销策略。大数据的来源非常广泛，包括社交媒体、电商平台、用户交易记录等。企业需要确保数据的合法性和隐私合规。大数据具有实时性的优势，能够帮助企业快速捕捉市场动态，及时调整策略。

社交媒体监测

社交媒体是企业了解市场情绪和品牌形象的"第一战线"。通过监测社交媒体上的评论和互动，企业可以实时捕捉到潜在的市场机会或危机。企业可以借助自然语言处理技术分析用户对品牌或产品的情感倾向，了解用户的积极或消极反馈。通过实时监测，企业可以迅速应对危机事件，保护品牌声誉，同时根据反馈调整营销策略。

行业报告

行业报告是企业了解市场趋势的"指南针"。通过阅读这些报告，企业可以更全面地掌握技术进步、政策变化和竞争格局，从而识别新的市场机会。行业报告应该定期购买更新，以确保企业所依据的数据是最新的，避免决策滞后。

市场试点

在正式推广前，企业可以先在某个区域或用户群体中推广试点产品或服务。通过试点测试，企业能够评估市场接受度，并根据反馈优化产品设计或营销策略。企业可以设置不同的试点区域，通过对比测试了解产品在不同市场中的表现。这种方法特别适合新产品推广、市场扩展或重大改进的场景。

A/B 测试

A/B 测试是一种常用于测试不同产品版本或营销方案的方法。通过对比不同群体的反应，企业可以更好地优化产品特性或调整营销策略。这种测试方法通常用于网站设计、广告效果和用户界面优化的数字化营销决策中。

用户反馈

用户的反馈往往是最真实、最直接的调研信息。通过多渠道收集用户的意见，企业能够快速发现产品或服务中的不足，及时改进。企业可以通过社交媒体、在线评论平台和客户服务系统等多渠道收集用户反馈，结合大数据分析工具进行快速汇总和洞察。

Chapter 2 品牌核心差异价值：打造独一无二的品牌优势

每个企业都应该拥有一个突出的核心差异价值，以此整合资源，形成商业模式（赚钱）的闭环，而这个核心差异价值就是用你的产品或服务来体现的。很多企业把当下自己给用户提供的价值，当作核心差异价值传达给用户，这个价值如果和竞争对手提供的价值没有任何区别，就不能称为核心差异价值。核心差异价值是你能赚钱的那个核心理由，是你的核心竞争力。核心差异价值是需要企业去终身追求的，是需要企业不断完善构建的，完善的过程也是构建企业的护城河的过程。商业模式就是围绕核心差异价值构建出来的，定位也来自核心差异价值。但是，如果竞争对手宣传的核心差异价值并没有深入人心，用户并没有形成认知，我们依然可以抢占该核心差异价值。核心差异价值必须同时具备3个要素（见图2-1）。

图 2-1

核心差异价值的 3 个必备要素

用户需要

核心差异价值必须是用户所需要的。了解和满足用户需求是至关重要的。

- 理解用户需求：通过市场调研、用户反馈等方法深入了解用户的痛点和需求。例如，一家科技公司通过调查发现用户急需一种能在各种天气条件下使用的户外设备，那么它就可以专注于开发这类产品。
- 创造用户价值：通过独特的功能、优质的服务或创新的解决方案，能够有效解决用户面临的问题，或为用户提供超出预期的价值。例如，一家物流公司可以通过开发一款实时跟踪应用，让用户随时了解货物状态，从而提高用户满意度。
- 不可替代性：你的核心差异价值应该让用户觉得无法轻易找到替代品。例如，特斯拉的电动汽车不仅仅是交通工具，更是一种科技和环保的象征，这种品牌形象使其在市场中具有独特的不可替代性。

对手缺少

核心价值没有商业价值，核心差异价值才有商业价值。你能提供的价值别人也能提供，这个项目就没什么商业价值。你能提供的价值和别人不同，甚至别人根本提供不了，这时候你的项目就具有了商业价值。

- 技术或资源壁垒：如果企业拥有领先的技术能力或稀缺的资源（如专利、供应链、人才等），那么它就能提供竞争对手短期内无法复制的产品或服务。这种技术或资源壁垒能够有效防止竞争对手轻易进入该市场。
- 品牌或用户关系优势：企业与用户之间的长期关系、品牌忠诚度或者独特的品牌故事，能够为企业建立起竞争对手难以撼动的壁垒。优秀的品牌不只在卖产品，还在卖价值观和情感连接。
- 运营效率与供应链优势：企业还可以通过构建高效的运营体系和供应链，形成竞争对手难以复制的壁垒。当企业能够更快、以更低的成本生产和交付产品，就能在竞争中获得显著优势。例如，拥有垂直整合的供应链，或者更高效的生产流程，可以使企业以更具竞争力的价格或速度满足用户需求。

自身可复制

最后一点，也是非常重要的一点，是企业是否具备持续复制和扩展核心差异价值的能力。如果企业的差异化价值仅在短期内有效，或者无法在更大的市场范围中推广，那么这个差异化优势就难以支撑企业的长期发展。因此，企业不仅要找到自身的差异价值，还要确保能够持续稳定地将其规模化、商业化。

- 相关性：确保核心差异价值与企业的长期战略和业务方向一致。例如，一家软件公司在开发新产品时，应确保新产品能够与现有软件无缝集成，增强整体产品的竞争力。

- 独创性：企业的核心差异价值应具有独创性，即能够为用户提供独特的解决方案，超越市场中现有的选择。独创性的产品、服务或商业模式往往能给企业带来先发优势，并且能通过创新带来持续的市场吸引力。比如，通过重新定义某个品类或解决方案，企业能开辟出全新的市场路径。

- 持续的创新能力：核心差异价值不仅要能够复制，还必须依赖企业的持续创新能力。这意味着企业不仅要守住已有的优势，还需要不断升级、优化自己的产品和服务，保持市场竞争力。企业通过持续的研发投入和创新，不断扩大差异化优势，防止竞争对手赶超。

3类核心差异价值深度解析

在制定商业模式和战略时，识别并利用核心差异价值是至关重要的。核心差异价值可以分为3类（见图2-2）：产品层面的核心差异价值、服务层面的核心差异价值和资源层面的核心差异价值。

图2-2

产品层面的核心差异价值

产品层面的核心差异价值是指产品本身所具有的独特优势和特点，这些优势和特点使产品在市场上具有竞争力，并能满足用户的特定需求。

- 创新功能：产品具备市场上其他产品不具备的创新功能，如智能手机的人脸识别技术。
- 质量优越：产品质量优于竞争对手，有更长的使用寿命和更高的可靠性。例如，瑞士手表以其精湛的工艺和耐用性著称。
- 设计独特：产品设计美观、时尚，能够吸引特定的用户群体。例如，苹果公司的产品以简洁、现代的设计风格吸引了大量用户。
- 技术领先：产品使用了领先的技术，使其性能和效果优于市场上的其他产品。例如，特斯拉的电动汽车在电池技术和自动驾驶技术上具有领先优势。

服务层面的核心差异价值

服务层面的核心差异价值是指企业通过优质服务来提升用户体验，从而形成竞争优势。

- 卓越的用户服务：提供快速、专业和友好的用户服务，解决用户的问题。例如，亚马逊以高效的用户服务和退货政策赢得了广泛的用户信任。
- 个性化服务：根据用户的需求提供定制化服务。例如，Netflix通过数据分析为用户推荐个性化的电影和电视剧。
- 附加服务：提供额外的增值服务，超出用户的期望。例如，奢侈品品牌可以为用户提供私人购物顾问服务。
- 客户关系管理：通过CRM系统和忠诚度计划，建立和维护长期的用户关系。例如，星巴克的会员计划通过积分和优惠活动，增强了用户的忠诚度。

资源层面的核心差异价值

资源层面的核心差异价值是指企业拥有独特的资源，这些资源能够支撑企业的产品和服务，并形成竞争壁垒。

- 专利或知识产权：企业拥有独特的专利或知识产权，形成技术壁垒。例如，制药公司通过专利保护其药品配方，确保市场独占期。
- 品牌影响力：企业拥有强大的品牌影响力，吸引用户和合作伙伴。例如，可口可乐的品牌影响力使其在全球市场占据主导地位。
- 供应链优势：企业拥有高效且稳定的供应链管理体系，确保产品的及时交付和成本的有效控制。例如，沃尔玛通过其全球供应链网络，实现了低成本和高效率的物流配送。
- 人才和团队优势：企业拥有优秀的人才和团队，具备强大的研发和创新能力。例如，谷歌的成功在很大程度上依赖其高素质的技术团队。

核心差异价值也可以是从某个商机中倒推回来的。因为先看到了商机，再思考要抢占这个商机需要什么样的能力，需要提供什么样的核心差异价值。例如，随着智能家居市场的增长，一家家电公司识别到这一商机并进入该领域，因此它建立了强大的研发团队，研发了先进的物联网技术，开发出一套智能家居解决方案，通过集成各类家电设备，实现统一控制和智能化管理。

核心差异价值也许就是一句话,但它是需要由各个环节和部分构成的,这就是卖点系统(我们在后面的章节中会详细介绍卖点系统)。同时,还需要不断完善和优化卖点系统,确保核心差异价值在市场中始终保持领先地位。

情绪爆品
从0到1实战手册

第二篇
情绪爆品的基础建设

Chapter 3　品牌定位：精准定位，锁定目标市场

Chapter 4　品类创新：不做第一就做唯一

Chapter 3 品牌定位：精准定位，锁定目标市场

探索品牌定位的新方向

品牌定位是否只能围绕一种产品或服务？答案是否定的。传统的品牌定位往往聚焦于单一品类，试图成为某个品类的第一。然而，随着市场竞争的加剧和消费者需求的多样化，品牌定位的方式也在不断演变。企业可以通过聚焦特定场景、情景或体验，整合多个品类的产品和服务，打造独特的品牌价值。这种新的定位方式不仅拓宽了品牌的发展空间，还能更好地满足消费者的多元化需求。

从产品定位到场景定位

传统的品牌定位通常以产品为核心，试图在某个品类中占据领先地位。然而，随着消费者需求的升级，单一产品的竞争力逐渐减弱，场景化的品牌定位则成为新的趋势。

案例：婚庆场景的品牌定位

- 传统定位：一家喜糖品牌可能只专注于糖果的生产和销

售，试图成为"喜糖品类第一"。
- **场景定位**：如果该品牌将定位从"喜糖"扩展到"婚庆体验"，它就可以整合喜糖、喜酒、婚礼装饰等多种产品和服务，为消费者提供一站式的婚礼解决方案。
- **竞争优势**：即使婚宴桌上放的是茅台，品牌也可以通过独特的婚礼体验（如定制化服务、情感化设计等）赢得消费者的青睐。茅台无法提供整体的婚礼体验，而这正是品牌的差异化优势。

关键点：
- **聚焦场景**：将品牌定位从单一产品扩展到特定场景，满足消费者在特定情境下的多元化需求。
- **整合资源**：通过整合多个品类的产品和服务，打造独特的场景化体验。
- **用户体验**：场景定位的核心是用户体验，品牌需要通过情感连接和个性化服务，增强用户的参与感和满意度。

从品类第一到体验第一

传统的品牌定位目标是成为某个品类的第一，而新的定位方向则是成为某种体验的第一。这种定位方式不仅适用于消费品领域，还可以应用于服务行业和科技领域。

案例：小米的生态链模式
- **传统定位**：小米最初以智能手机为核心，试图成为"性价比最高的手机品牌"。

- 体验定位：小米将定位从"手机品牌"扩展到"科技生活方式品牌"，通过生态链模式整合手机、插线板、毛巾、汽车等多种产品，为同一群消费者提供极致性价比和高品质的科技生活体验。
- 竞争优势：小米产品的共性是"炫酷且具有极致的性价比"，这种统一的品牌体验使其能够在多个品类中取得成功。

关键点：

- 统一体验：品牌需要围绕核心用户群体，提供统一的品牌体验，确保不同品类的产品和服务具有一致的价值观和品质标准。
- 生态整合：通过生态链模式整合多个品类的产品和服务，满足消费者的多元化需求。
- 品牌延展：品牌延展的前提是确保所有产品和服务都能与核心品牌体验保持一致，避免品牌价值被稀释。

通过探索品牌定位的新方向，企业可以打破传统定位的局限，开辟全新的市场空间。

品牌定位和品牌定位语：核心区别

品牌定位与品牌定位语是品牌战略中两个密切相关但功能不同的概念。理解二者的核心区别，对于企业制定清晰的品牌战略和有效的营销传播策略至关重要。

品牌定位：战略性的整体方向

品牌定位是品牌战略的核心，它决定了品牌在市场上的角色、消费者对品牌的认知以及品牌希望传递的核心价值。品牌定位是全局性、长期性的战略规划，它不仅围绕产品本身，还包括品牌形象、情感联系和独特优势。

品牌定位的核心功能：

- 回答"你是谁"：明确品牌在市场上的身份和角色。
- 回答"为什么选择你"：清晰传达品牌的独特价值和竞争优势。
- 对内指导：品牌定位是企业内部战略的指南针，指导产品开发、市场推广和客户服务等各个环节。

品牌定位的特点：

- 战略性：品牌定位是长期战略，决定了品牌的发展方向和资源分配。
- 全局性：不仅关注产品功能，还包括品牌形象、情感连接和独特优势。
- 内部导向：品牌定位主要服务于企业内部，确保所有行动与品牌战略保持一致。

案例：

- 苹果：品牌定位为"创新与极致用户体验的科技领导者"，这一战略方向指导了其产品设计、技术研发和市场营销。
- 特斯拉：品牌定位为"可持续能源与高性能电动车的引

领者"，这一战略决定了其在电动汽车和清洁能源领域的长期布局。

品牌定位语：营销传播的工具

品牌定位语是品牌定位的浓缩表达，通常以简短有力的语言传递品牌的核心价值。它是品牌对外传播的"口号"或"名片"，旨在让消费者快速理解品牌的核心主张并形成记忆。

品牌定位语的核心功能：

- 传递核心价值：用简洁的语言传达品牌的独特卖点和竞争优势。
- 吸引消费者：通过有冲击力的表达吸引目标消费者的注意力。
- 增强记忆点：帮助消费者快速记住品牌的核心主张。

品牌定位语的特点：

- 简洁有力：通常是一句话或短语，易于传播和记忆。
- 营销导向：品牌定位语是营销传播的工具，主要用于对外宣传。
- 消费者导向：品牌定位语的目标是让消费者快速理解并记住品牌的核心价值。

案例：

- 耐克：品牌定位语为"Just Do It"，传递了品牌鼓励行动、追求卓越的核心价值。
- 麦当劳：品牌定位语为"我就喜欢"（i'm lovin' it），强调了品牌带给消费者的愉悦体验。

简单地说，定位是企业对内告诉自己要选择什么样的市场，它是企业战略的一部分，企业最终决定攻打哪块市场就是品牌定位。而定位语是营销性语言，它是将品牌或产品优势和价值传递给目标消费群体的一个手段，或者说是为了转化消费者的一句话或短语，清晰而简明地传达出品牌、产品或服务的独特价值及其在市场上的定位；它通常简洁有力，帮助消费者迅速理解品牌的核心卖点。

品牌定位时被忽视的 10 个红利

在品牌定位的过程中，许多企业往往只关注显性的市场机会，而忽视了一些潜在的、未被充分挖掘的红利。这些红利不仅能帮助企业找到差异化的市场切入点，还能为品牌带来长期的竞争优势。图 3-1 是品牌定位时常被忽视的 10 个红利。

图 3-1

认知空白点（认知红利）

认知空白点是指消费者对某一领域有明确的认知和需求，但市场上尚无品牌或产品能够满足这一需求的市场空白点。

特征：

- 消费者认知明确：消费者对该领域有清晰的认知。
- 市场需求存在：消费者对该领域的产品或服务有实际需求。
- 竞争品牌缺失：尚无品牌或产品占据这一市场领域。

认知空白点的类型：

1. 需求延伸型空白点

在现有市场需求的基础上，挖掘未被满足的细分需求。随着健康意识的提升，消费者对健康零食的需求增加，但市场上专门针对儿童的健康零食品牌较少。品牌可以推出"儿童健康零食"，满足这一细分市场的需求。

2. 场景创新型空白点

通过开辟全新的消费场景，创造新的市场机会。传统运动饮料主要针对运动后的能量补充，但女性运动后的美颜需求尚未被满足。品牌可以推出"女性运动后美颜饮品"，主打美容养颜功能，开辟新的消费场景。

3. 品类扩展型空白点

通过核心产品的成功，逐步扩展至相关品类，形成品牌生态。品牌在"运动后美颜饮品"领域取得成功后，可以扩展至女性运动后的护肤产品或专属运动装备，成为"运动后美颜护理"的全品类专家。

人群空白点（人群红利）

人群空白点是指市场中某些特定人群的需求尚未被充分满足，品牌可以通过有针对性地满足这些需求，抢占市场先机。

特征：

- 特定人群：该人群在年龄、性别、职业、生活方式等方面具有明显的特征。
- 需求明确：该人群对某一领域的产品或服务有明确的需求。
- 市场空白：市场上尚无品牌或产品能够充分满足这一人群的需求。

人群空白点的类型：

1. 年龄细分型空白点

针对特定年龄段的消费者，提供满足其需求的产品或服务。随着老龄化社会的到来，银发经济成为新的增长点，但市场上专门针对老年人的健康产品或服务较少。品牌可以推出"老年人健康管理服务"，满足这一细分市场的需求。

2. 性别细分型空白点

针对特定性别的消费者，提供满足其需求的产品或服务。传统内衣市场主要针对普通体型女性，大杯女性的内衣需求尚未被充分满足。奶糖派通过专注于大杯女性的内衣市场，填补了这一特定人群的需求空白。当奶糖派用户群体的规模达到一定量级时，是可以针对这个群体拓展内衣之外的品类的。

3. 职业细分型空白点

针对特定职业的消费者，提供满足其需求的产品或服务。程序员长时间面对电脑，对护眼产品和健康管理服务有明确需求。品牌可以推出"程序员护眼套装"或"程序员健康管理服务"，满足这一细分市场的需求。

4. 生活方式细分型空白点

针对特定生活方式的消费者，提供满足其需求的产品或服务。随着宠物经济的兴起，宠物殡葬服务成为新的市场机会。殡葬业可以开拓宠物殡葬服务，满足宠物主人的情感需求。

场景空白点（场景红利）

场景空白点是指在某些特定场景下，尚无品牌提供符合消费者需求的产品或服务。通过锁定这种特定场景，品牌能够为消费者提供更具针对性的解决方案，提升用户体验。

特征：

- 特定场景：该场景在空间、时间或行为上具有明确的特征。
- 需求明确：消费者在该场景下对某一领域的产品或服务有明确的需求。
- 市场空白：市场上尚未有品牌或产品能够充分满足这一场景的需求。

场景空白点的类型：

1. 空间场景空白点

针对特定空间场景，提供满足消费者需求的产品或服务。随身充电器主要针对日常通勤场景，但露营场景下的充电需求尚未被充分满足。品牌可以推出"露营充电器"，满足户外爱好者在露营场景中的电力需求。

2. 时间场景空白点

针对特定时间场景，提供满足消费者需求的产品或服务。比如除传统咖啡厅、办公室使用场景外，三顿半还拓展到商务、旅游、运动等场景，满足人们在出差路上、旅游途中、运动时喝咖啡的需求。

3. 综合场景空白点

针对多种场景，提供满足消费者综合需求的产品或服务。吉列不仅做剃须刀，还拓展到口香糖、护理用品和电池等品类。其CEO表示，吉列的定位是超市结账柜台一平方米货架空间的生意。这类业务在消费者行为上有高度的统一性：快消品、场景提示性购买，并且利润极高。

情景空白点（情景红利）

情景空白点是指为产品找到新的情景，并通过提供符合该情景需求的产品或服务，抢占市场先机。情景与场景不同，场景是某个具体的空间（如学校、办公室、客厅），而情景是某个事件的场合（如升职、签合同、生日等），这些情景可以在不同的空间场景发生。

特征：
- 特定情景：该情景在事件、情感或行为上具有明确的特征。
- 需求明确：消费者在该情景下对某一领域的产品或服务有明确的需求。
- 市场空白：市场上尚无品牌或产品能够充分满足这一情景的需求。

情景空白点的类型：

1. 情感情景空白点

针对特定情感情景，提供满足消费者需求的产品或服务。熊猫不走不仅提供生日蛋糕送货上门服务，还提供人员表演，为生日聚会营造氛围。这种服务精准满足了消费者在生日情景下的情感需求，但后来其将定位从"生日派对服务商"改为"中国欢聚服务行业头部品牌"则过于宽泛，导致品牌失去聚焦点。如果熊猫不走继续深挖生日派对这一情景，比如，开发生日派对专属场地，或设计不同主题的包间，就能进一步强化"生日派对服务商"的品牌认知。

2. 事件情景空白点

针对特定事件情景，提供满足消费者需求的产品或服务。鲜花品牌可以定位为"求爱品牌"，专注于求爱情景下的需求，未来还可以拓展求爱策划服务以及各类求爱用品，如定制化求爱礼物、求爱场景布置等，满足消费者在求爱情景下的情感表达需求。

3. 仪式情景空白点

针对特定仪式情景，提供满足消费者需求的产品或服务。例如，品牌可以针对"升职庆祝"这一情景，提供定制化的庆祝方案，包括提供升职礼物、庆祝派对策划等服务，满足消费者在升职情景下的仪式感需求。

4. 社交情景空白点

针对特定社交情景，提供满足消费者需求的产品或服务。例如，品牌可以针对"朋友聚会"这一情景，提供定制化的聚会解决方案，包括主题布置、互动游戏设计、美食定制等服务，提升消费者的社交体验。

情感空白点（需求红利）

情感空白点指消费者在情感上的需求尚未被充分满足。品牌如果能通过产品或服务与消费者建立情感连接，将会占据重要的市场位置。现代消费者不仅关注产品功能，还关注品牌是否能与他们的价值观、情感产生共鸣。

特征：

- 情感需求明确：消费者在特定情感状态下对产品或服务有明确的需求。
- 情感连接：品牌能够通过激发情感共鸣与消费者建立深度连接。
- 市场空白：市场上尚无品牌或产品能够充分满足消费者的情感需求。

情感空白点的类型：

1. 失落情感空白点

针对消费者在失落、孤独等情感状态下的需求，提供情感慰藉或陪伴。江小白通过打造"小酒＋情感共鸣"的品牌形象，满足了年轻人在独处或聚会时的情感需求。其广告文案传递了共鸣感，使得消费者在情感上与品牌产生连接。

2. 恋爱情感空白点

针对消费者在恋爱、表白等情感状态下的需求，提供情感表达或仪式感。鲜花品牌可以定位为"求爱品牌"，专注于求爱情景下的需求，提供定制化求爱礼物、求爱场景布置等服务，满足消费者在求爱情景下的情感表达需求。

3. 庆祝情感空白点

针对消费者在庆祝、喜悦等情感状态下的需求，提供仪式感或个性化服务。熊猫不走通过提供生日蛋糕和表演服务，为消费者在生日庆祝情景下营造欢乐氛围，满足其情感需求。

4. 怀旧情感空白点

针对消费者在怀旧、回忆等情感状态下的需求，提供情感共鸣或复古体验。例如，品牌可以推出复古风格的产品或服务，唤起消费者的怀旧情感，增强品牌的情感连接。

情感空白点非常丰富，除以上的四种之外还有更多的情感空白可以挖掘，我们将在第六章感性卖点部分详细介绍。

价格空白点（价格红利）

价格空白点可以从两个方向切入：大牌平替和价格升维。

大牌平替指为消费者提供与高端品牌质量或体验相似的产品，但价格更加亲民，满足了价格敏感型消费者的需求。价格升维则是通过提高产品价值或附加服务来提升价格定位，满足消费者对品质和身份的追求，从而在更高端的市场中站稳脚跟。

特征：
- 价格敏感：消费者对价格有明确的敏感度或偏好。
- 价值感知：消费者对产品的价值感知与价格定位相匹配。
- 市场空白：市场上尚无品牌或产品能够充分满足消费者在特定价格区间的需求。

价格空白点的类型：

1. 大牌平替

为消费者提供与高端品牌质量或体验相似的产品，但价格更加亲民。完美日记通过推动国际大牌彩妆产品的本土化生产，并定价为平替款，迅速吸引了年轻消费者的青睐。相较于昂贵的进口产品，完美日记的产品在外观和使用体验上与高端品牌的产品相似，但价格更加亲民，满足了消费者对美妆的追求。

2. 价格升维

通过提高产品价值或附加服务来提升价格定位，满足消费者对品质和身份的追求。例如，品牌可以通过引入高端材料、精湛工艺或个性化定制服务，将产品定位为奢侈品，满足高端消费者对品质和身份的追求。

3. 性价比空白点

在特定价格区间内，提供超出消费者预期的性价比产品。例如，品牌可以在中端价格区间，提供接近高端品牌质量的产品，满足消费者对性价比的追求。

4. 价格分层空白点

针对不同消费能力的群体，提供不同价格区间的产品，满足多样化需求。例如，品牌可以推出入门款、中端款和高端款产品，覆盖不同消费能力的群体，满足多样化需求。

销售渠道空白点（销售渠道红利）

销售渠道空白点指的是通过优化或创新销售渠道，品牌能够在短时间内快速进入市场并占领更多的市场份额。传统的销售渠道（如线下门店、电商平台）竞争激烈，而通过挖掘新的销售渠道，品牌可以找到差异化的市场切入点，实现快速增长。

特征：

- 渠道创新：通过优化或创新销售渠道，品牌能够快速进入市场。
- 目标精准：销售渠道能够精准触达目标消费者，提升转化率。
- 市场空白：市场上尚无品牌或产品充分利用该销售渠道。

销售渠道空白点的类型：

1. 场景化销售渠道

将销售渠道与特定场景结合，提供沉浸式体验，增强消费者的购买欲望。一家化妆品公司通过与高端酒店合作，在酒店房间内提供试用装产品，打开了销量。消费者在入住酒店时能够亲身体验产品，增加了购买的可能性。

2. 联合办公销售渠道

通过与联合办公空间合作，将产品融入目标消费者的日常生活场景。一家环保家居用品品牌通过与高档写字楼的联合办公空间合作，推出了一系列免费体验区。用户可以在工作之余使用该品牌的环保产品，如空气净化器、植物空气加湿器等，感受产品带来的舒适环境。通过这种沉浸式体验，品牌不仅让目标客户能够亲身体验产品的优点，还借助办公场景的便利性增加了产品的曝光率，最终吸引了大量消费者购买。

3. 自有销售渠道

通过自有销售渠道推出自有品牌产品，提高品牌的控制力和利润率。屈臣氏和山姆会员店都推出了自有品牌产品，利用其庞大的销售网络和消费者信任，快速占领市场。

4. 社交电商销售渠道

通过社交平台（如微信、抖音、小红书）进行销售，利用社交关系链和内容营销提升转化率。例如，某品牌通过小红书的内容种草和抖音的直播带货，快速吸引了大量年轻消费者，实现了销售渠道的创新。

传播渠道空白点（传播渠道红利）

传播渠道空白点是指利用创新的传播媒介或不被重视的传播平台，达成与目标人群的有效沟通。品牌可以借助不同于传统广告或社交媒体的渠道，触达更广泛或特定的小众群体，从而在信息传播上占据先机。

特征：

- 传播媒介创新：通过新兴或未被充分利用的传播渠道，品牌能够快速触达目标消费者。
- 目标人群精准：传播渠道能够精准触达特定人群，提升传播效率。
- 市场空白：市场上尚无品牌或产品充分利用该传播渠道。

传播渠道空白点的类型：

1. 短视频平台传播渠道

通过新兴的短视频平台（如抖音、快手、B 站）进行传播，利用短视频的内容形式和算法推荐，快速触达目标消费者。元气森林通过将其二次元文化在 B 站、微博等年轻人聚集的平台进行传播推广，让品牌形象与年轻用户的喜好更贴近，从而迅速积累了大量粉丝。

2. 播客传播渠道

通过播客平台（如喜马拉雅、小宇宙）进行传播，利用音频内容的长尾效应和深度互动，触达特定的小众群体。例如，某品牌通过与热门播客合作，推出定制化的品牌内容，吸引对特定话题感兴趣的消费者。

3. 虚拟现实传播渠道

通过虚拟现实（VR）或增强现实（AR）技术，提供沉浸式的品牌体验，增强消费者的参与感并强化记忆。例如，某品牌通过VR技术打造虚拟试衣间或虚拟家居体验，让消费者在虚拟环境中体验产品，增强品牌认知。

4. 线下体验传播渠道

通过线下体验活动或快闪店，提供沉浸式的品牌体验，增强消费者的参与感并强化记忆。例如，某品牌通过线下快闪店，提供互动体验和限量产品，吸引消费者到店体验并分享传播。

5. 跨界合作传播渠道

通过与其他品牌或IP的跨界合作，借助对方的传播渠道和粉丝基础，快速提升品牌曝光率。例如，某品牌与热门影视IP合作，推出联名产品或活动，借助IP的影响力快速触达目标消费者。

文化空白点（文化红利）

文化空白点指的是通过捕捉特定文化趋势，赋予品牌独特的文化内涵，形成品牌的文化辨识度。随着消费者对独特文化认同的需求增加，品牌可以通过融入特定的文化元素来吸引有共同兴趣的消费者。文化空白点不仅能帮助品牌找到差异化的市场切入点，还能为品牌带来长期的竞争优势。

特征：

- 文化趋势明确：特定文化趋势在消费者中有明确的认知和需求。
- 文化认同：品牌能够通过文化元素与消费者建立情感连

接，增强品牌忠诚度。
- 市场空白：市场上尚无品牌或产品充分融入该文化元素，形成独特的文化辨识度。

文化空白点的类型：

1. 传统文化空白点

通过融入传统文化元素，为品牌赋予独特的文化内涵，吸引具有文化认同的消费者。李宁通过将中国传统文化符号与潮流运动风格相结合，推出"中国李宁"系列，在全球范围内引起了广泛关注。李宁不仅仅是运动品牌，还代表了对中国文化的现代诠释，吸引了一大批拥有民族自豪感和文化认同的消费者。

2. 亚文化空白点

通过融入亚文化元素（如二次元文化、赛博朋克文化、魔法文化等），吸引特定的小众群体。例如，某品牌通过融入二次元文化元素，推出定制化的产品和服务，吸引了二次元爱好者，形成了独特的品牌辨识度。

3. 地域文化空白点

通过融入特定地域的文化元素，吸引具有地域文化认同的消费者。例如，某品牌通过融入日式和风文化元素，推出具有日式风格的产品，吸引了对日本文化感兴趣的消费者。

4. 潮流文化空白点

通过融入潮流文化元素，吸引追求时尚和潮流的消费者。例如，某品牌通过融入街头文化元素，推出限量版潮流单品，吸引了年轻消费者。

技术空白点（技术红利）

技术空白点是指通过领先的技术创新，品牌能够推出更具竞争力的产品或服务，迅速占领市场高地。技术空白点不仅能够帮助品牌找到差异化的市场切入点，还能为品牌带来长期的竞争优势。

特征：

- 技术领先：品牌在某一技术领域具有明显的领先优势。
- 市场需求：消费者对该技术领域的产品或服务有明确的需求。
- 市场空白：市场上尚无品牌或产品能够充分满足该技术领域的需求。

技术空白点的类型：

1. 核心技术空白点

通过核心技术的突破，推出具有独特功能或性能的产品，形成核心竞争力。大疆凭借无人机技术的持续突破，成为全球无人机行业的领导者。其技术创新使其产品具有极高的市场竞争力和不可替代性。

2. 应用技术空白点

通过将现有技术应用于新的领域或场景，推出具有创新性的产品或服务。例如，某品牌通过将人工智能技术应用于家居领域，推出智能家居产品，满足消费者对智能化生活的需求。

3. 材料技术空白点

通过新材料的研发和应用，推出具有独特性能或环保优势的产品。例如，某品牌通过研发新型环保材料，推出可持续包装产品，满足消费者对环保的需求。

4. 工艺技术空白点

通过新工艺的研发和应用，提升产品的质量和性能，形成竞争优势。例如，某品牌通过引入3D打印技术，推出定制化的产品，满足消费者对个性化的需求。

Chapter 4 品类创新：不做第一就做唯一

品类创新：品牌破局的捷径

消费者的心智具有几个显著特点，这些特点直接影响了他们如何理解和接受产品。首先，消费者倾向于将同类信息归为一类，即归类存储，形成简化的认知结构。其次，消费者害怕复杂，倾向于选择简单、直观的产品或服务。此外，消费者在信息过载的环境中容易失去焦点，这意味着他们在面对多种选择时容易产生注意力分散的情况。再者，消费者常常缺乏安全感，尤其是在面对未知或新奇事物时，会更倾向于选择那些他们信任的品牌或产品。最后，消费者对专业品牌有较强的信任感，而对于相同类别的普通品牌，则可能产生排斥心理。所有这些特点共同构成了"品类"的概念，品类是消费者心智中归置某一类产品或服务的框架。

品类创新正是基于这一心智特点，通过创造或重新定义品类来满足消费者的需求，甚至是创造新的需求，从而为品牌开辟新的市场空间。品类创新不仅仅是在产品层面进行创新，还可以在虚拟层面（如对服务或概念）进行创新。通过这种创新，品牌可以获得对品类的定义权、定价权，甚至决定产品的形态、技术标准以及工艺流程等。因此，品类创新是品牌战略中至关重要的一部分。

在讲解品类创新之前，我们首先需要了解什么是商业模式创新。商业模式创新是创造一种新的模式把产品卖出去，品类创新是对产品进行创新或者重新定义产品以满足消费者的需求或创造新的需求，从而让产品更好卖。举例来说，曾经只有普通相机，而如今有了运动相机；曾经只有普通鞋子，而现在有了专为老年人设计的老人鞋；曾经只有夹克，而现在有了功能性更强的冲锋衣；曾经只有普通奶粉，如今有了专为中老年人设计的奶粉。正是通过品类创新，品牌才能够为产品开辟更广阔的市场空间。

艾·里斯与劳拉·里斯在《品牌的起源》一书中提出的"品类是商业界的物种，是隐藏在品牌背后的关键力量"的观点，揭示了品类战略对于企业经营实践的重要性。打造品牌就是要让品牌与某一个品类认知画上等号。一个品牌唯有变成品类代名词时才有话语权！就好像七喜抢占非可乐、沃尔沃抢占安全汽车、佳洁士抢占防蛀牙膏、强生抢占婴儿皂、全聚德抢占烤鸭、喜茶抢占灵感之茶、胡桃里抢占音乐餐厅、伯喜抢占无性别服装、肉敢当抢占香肠、有乐岛抢占早餐、王饱饱抢占麦片……

《哈佛商业评论》在2013年进行了一项研究，该研究声称，品类开创者占总市值增长的74%（见图4-1），占总收入增长的53%（见图4-2）。

总市值增长占比

非品类开创者，26%
品类开创者，74%

图 4-1

总收入增长占比

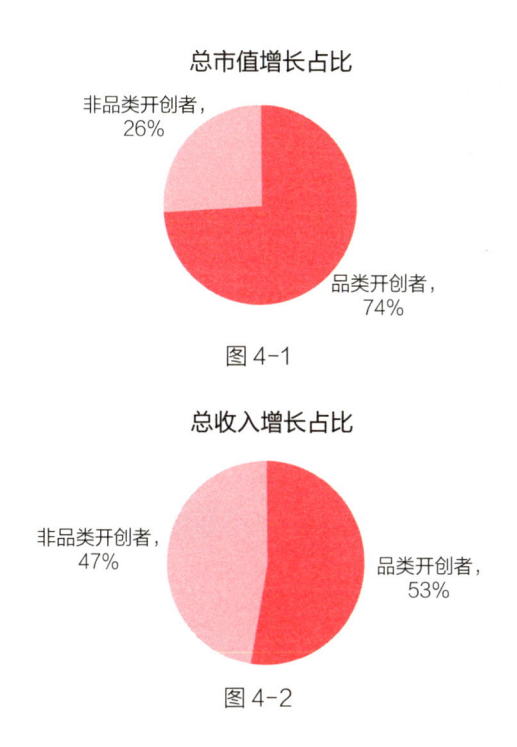

非品类开创者，47%
品类开创者，53%

图 4-2

创新品类者开拓了一个新市场并获得了大部分的利润，而第二个进入者不得不以更低的价格出售自己的产品或服务。其余参与者的市场和利润份额是如此微不足道，以至于它们甚至都无法进入该市场。

创新品类几乎成为小企业的特权。信誉卓著的大公司并不擅长创造突破。堆积如山的商机对于它们而言司空见惯。想想柯达就知道了，它拥有多项数码相机的专利技术，但因为固守胶卷市场的既得利益，错过了数码相机的市场。根据尼尔森《突破性创新报告》中的数据，2008 年至 2010 年，全球领先的消费品公司只有 13% 推出了突破性创新，创造突破性商业模式的公司更少。尽管大公司拥有推动品类创新的资源、能力和增长愿望，但许多市场领导者只是袖手旁观，看着新进入者创造突破性的产品和商业模式。

对于新锐品牌来说，如若进入已有品类，品牌会因缺乏差异化而沦为"非必需品"，加上既有品类早已被强势竞争对手环绕，通过对标、模仿、价格战等方式，已无法实现快速突围。如果新锐品牌已经拥有重大的创新或专有优势，可以考虑创新一个新的品类刺激新需求，摆脱"红海"竞争格局。

关于抢占品类，我们建议将品牌的核心差异提炼成区隔性的品类名称，然后通过商标注册成子品牌，变成专属品牌资产，打造自身可复制、对手不可复制的核心竞争力，形成竞争壁垒，让品牌变成品类代名词。

在哪些情况下品牌需要做品类创新呢？

品牌形象已经衰老

当一个品牌在市场中的形象逐渐过时，不再具备吸引力时，就需要通过品类创新来重新焕发活力。品牌的视觉形象、广告语言或市场定位可能在多年没有更新后变得陈旧，无法引起消费者的共鸣。这时，通过品类创新可以给品牌带来新的生机。比如，百事可乐通过推出健康饮品系列，摆脱碳酸饮料的过时形象，迎合了消费者对健康的需求。

品牌遭遇市场变故

品牌遇到政策的改变、经济环境的动荡，或竞争者的猛烈攻势，原有的品类或市场定位可能不再适用。这时，品类创新能够帮助品牌快速适应新的市场环境，避免被淘汰。比如，传统煤炭企业在面对环保政策压力时，纷纷转型推出新能源产品，通过品类创新来应对政策和市场变化。

品牌本身定位有误

某些品牌虽然找到了市场供给的空白领域，但由于品牌定位不够精准或市场教育不足，导致消费者没有准确理解产品的核心价值。如果市场反应不佳，品牌可能需要通过品类创新重新定位，找到消费者更容易接受的切入点。比如，谷歌眼镜在首次推出时定位不明确，消费者未能接受其使用场景，后期通过重新调整产品定位，聚焦于企业应用场景，重新进入市场。

消费者观念发生变化

随着市场和技术的进步，消费者的需求和兴趣点也会随之变化。如果品牌的品类无法跟上这些变化，便会逐渐失去市场份额。消费者都是喜新厌旧的，产品能否在品类上成为新事物？因此，品牌需要通过品类创新以迎合新的消费者需求。老年奶粉品类的出现正是基于消费者对健康和营养品类的需求的增长，针对中老年群体开发出来的。

品牌面临激烈的市场竞争

当一个品牌所处的品类变得过于拥挤，竞争者层出不穷，价格战频发时，品牌可以通过品类创新摆脱这种无差别的竞争环境，创造新的增长点。例如，某个品类的饱和度达到顶峰时，通过细分或创新的方式能够创造出新的市场。特斯拉通过推出高端电动汽车，进入了一个相对未饱和的市场，避免了与传统燃油汽车的直接竞争。

企业的发展战略有变

当企业的长期战略发生变化时，品类创新可以帮助企业更好地执行新的战略。战略调整可能源于对市场环境的重新评估、企业资源的变化或对新增长点的寻找。比如，亚马逊最初是一家在线图书零售商，通过不断地进行品类创新，逐步扩展到各类电商产品、云计算服务等，从而实现了多元化的企业战略目标。

品牌遭遇危机或负面事件

当品牌因质量问题、负面事件等而陷入困境时，品类创新是一种有效的应对策略。通过推出全新产品或服务，品牌可以重塑品牌形象，摆脱旧有危机的影响。

品牌已经占据优势地位但需要巩固

有些品牌虽然在现有品类中占据了优势地位，但为了保持持续的竞争力和市场领导地位，它们需要不断进行品类创新，防止被后来者赶超。苹果通过不断创新 iPhone、iPad 等新品类，持续巩固其在高端智能设备市场的领导地位。

8 种超实用的品类创新方法

图 4-3 是 8 种超实用的品类创新方法。

图 4-3

重塑品类：重新定义市场规则

重塑品类是指对已有品类进行重新定义或调整，赋予其新的含义或价值，帮助品牌在消费者心目中建立新的认知。它不是创造全新品类，而是通过改变品类的核心属性、使用场景或目标人群，让旧品类焕发新生，从而为品牌开辟新的市场空间。

重塑品类的核心逻辑

- 打破固有认知：通过重新定义品类，颠覆消费者对原有品类的刻板印象。例如，传统酸奶的功能是"营养补充"，而乐纯通过"高蛋白、低糖"重新定义酸奶为"健康代餐"，吸引了健身和减肥人群。
- 创造新价值：赋予品类新的功能、情感或文化内涵，满足未被满足的需求。例如，江小白通过"青春小酒"重新定义白酒为"年轻人的情感表达工具"，吸引了年轻消费者。
- 抢占心智高地：通过重塑品类，成为新定义下的品类领

069

导者。例如，戴森通过"护发科技"重新定义吹风机为"头发护理设备"，成为高端市场的标杆。

案例1　ROSEONLY：重塑奢侈品花卉市场

ROSEONLY是一个通过重塑花卉品类，成功在高端奢侈品花卉市场立足的品牌。它的创新之处在于，将花束从普通礼品变为象征忠贞爱情的奢侈品，从而与传统花卉市场形成了巨大的差异化。

背景

在ROSEONLY诞生之前，花卉市场以鲜花礼品为主，消费者通常在情人节、生日等特定节日购买鲜花，但鲜花作为礼品的市场相对同质化严重，且价格和品牌溢价不高。鲜花更多的是一种快速消费品，消费者选择鲜花时更关注价格和实用性，缺乏情感和品牌价值认同。

ROSEONLY的品类重塑

奢侈化定位：

ROSEONLY将鲜花重新定位为奢侈品。品牌只销售玫瑰花，并通过限定"此生只爱一人"的概念赋予其独特的意义。消费者要在ROSEONLY购买玫瑰花，就需要用自己和恋人的身份证登记，并承诺一生只送同一人。这种奢侈的爱情承诺与品牌紧密结合，使得ROSEONLY的玫瑰花成为忠诚和独一无二爱情的象征。

产品高溢价：相比普通花束几十元到几百元的价格，ROSEONLY的花束价格通常在千元以上，甚至高达数万元。这种定价与品牌的奢侈品定位相吻合，使其与普通花店形成明显区隔。

独特的情感赋能：

ROSEONLY 将"玫瑰花＝唯一的爱"这一概念深深植入品牌文化。通过广告宣传、品牌故事等形式，ROSEONLY 传递出玫瑰花代表独一无二、忠贞不渝的爱情，让消费者在送玫瑰花时不仅仅是在送花，而是在传达一种深厚的情感承诺。这种情感赋能使品牌超越了传统的花卉品牌，成为表达爱情的首选品牌。

*品牌宣言：*ROSEONLY 的广告语"Love is unique. So are our roses"（爱是唯一的，我们的玫瑰花也是），精准地传递了品牌的情感定位。品牌通过将花束与爱情承诺相绑定，强化了其在消费者心中的独特价值。

稀缺性与高端体验：

ROSEONLY 的花束限量供应，且精选全球顶级花卉基地的玫瑰花，保证每一束玫瑰花的独特性与稀有性。同时，ROSEONLY 还提供极致的包装和客户服务，花束用豪华礼盒包装，搭配独特的情感卡片，增强了奢侈品的体验感。

*稀缺性策略：*ROSEONLY 通过"限量版"与"定制版"的推出，不仅提升了产品的稀缺性，也进一步巩固了其高端品牌形象。这种策略成功吸引了那些追求独特和奢华的消费者。

名人效应与市场教育：

ROSEONLY 通过名人代言和明星效应进一步强化了品牌的高端定位。大量明星和公众人物在重要场合使用 ROSEONLY 的花束，提升了品牌在高端市场的曝光率。这些举措帮助 ROSEONLY 快速打开了高端市场，并通过口碑效应逐渐吸引了更多消费者。

名人营销：明星纷纷在公众场合使用或展示 ROSEONLY 的花束，增强了其在社交媒体和公众视野中的影响力。

重塑的结果

- ROSEONLY 成功将鲜花从普通礼品重塑为奢侈品，赋予了花束新的意义。通过将玫瑰花与忠贞爱情绑定，品牌在高端市场中确立了独特的地位，远离了传统花店的价格战和同质化竞争。
- 消费者不再单纯购买鲜花，而是购买情感和承诺，ROSEONLY 成功占领了"唯一的爱"这一心智定位。
- ROSEONLY 的品类重塑不仅为品牌带来了可观的市场份额和利润，还为花卉行业树立了新的标杆，使得奢侈品花卉这一全新品类在市场中确立了位置。

ROSEONLY 成功的关键点

- 品牌定位的清晰独特：通过将玫瑰花与忠诚爱情的概念相结合，ROSEONLY 成功构建了与传统花店完全不同的品牌定位。这种定位不仅吸引了消费者的兴趣，也为品牌带来了溢价空间。
- 情感共鸣的建立：ROSEONLY 通过深度挖掘消费者的情感需求，特别是在爱情和承诺方面，成功与目标人群建立了稳定的情感连接，使品牌在高端消费者群体中脱颖而出。
- 稀缺性与奢侈体验：通过限量供应、顶级玫瑰花、豪华包装等方式，ROSEONLY 成功将花束转化为奢侈品，并且提供了符合高端消费者期待的购物体验。

案例 2　　星巴克（Starbucks）：咖啡店的重塑

星巴克通过重塑咖啡店的定位，改变了消费者对"喝咖啡"这一行为的认知。

背景

在星巴克出现之前，咖啡店在美国大多是提供咖啡的简单小店或连锁餐馆，消费者去咖啡店通常只是为了购买一杯咖啡带走，咖啡店的环境和体验并不被重视。

星巴克的品类重塑

第三空间：

星巴克通过提出"第三空间"的概念，重塑了咖啡店的定位。它不再只是一个喝咖啡的地方，而是消费者在家和工作场所之外可以放松、社交、工作的空间。店内提供的舒适的座椅、免费的 Wi-Fi、温馨的环境，这些都促使消费者在店内待得更久。

咖啡文化：

星巴克将自己定位为高质量咖啡的提供者，并通过引入多种咖啡豆、定制化饮品（如焦糖玛奇朵）等方式，培养了消费者对咖啡文化的兴趣。星巴克不仅卖咖啡，还传递了喝咖啡的仪式感和相关的生活方式。

重塑的结果

- 星巴克彻底改变了美国乃至全球消费者对咖啡店的看法。

从此，消费者不再仅仅是为了快速购买一杯咖啡，而是为了享受整个咖啡体验和环境而进入星巴克。
- 星巴克不仅提升了咖啡的售价，还成功将咖啡店打造为时尚、精致和现代生活的一部分。这种重塑让星巴克成了全球咖啡连锁的领导者。

星巴克成功的关键点
- 重塑消费场景：星巴克将咖啡店从简单的饮品购买地点重塑为舒适的社交和工作空间，提升了消费者在咖啡店的停留时间和消费体验。
- 品牌文化的传递：通过精心设计的店内环境和产品，星巴克成功让消费者将咖啡体验与精致生活联系在一起，塑造了独特的品牌文化。

案例3　乐高（LEGO）：玩具的重塑

乐高通过重塑玩具品类，使其不仅仅是儿童的娱乐工具，更成为创意和教育的象征。

背景

在20世纪90年代末，传统玩具市场竞争激烈，尤其是电子游戏的崛起让许多传统玩具品牌面临淘汰。乐高也陷入了危机，面临财务困难。

乐高的品类重塑

创造性思维和教育工具：

乐高决定将自己从一个简单的玩具制造商，重塑为鼓励儿童和成人创造力和逻辑思维的工具。乐高强调通过拼搭积木培养孩子的想象力、动手能力和解决问题的能力，从而将玩具的功能提升到教育层面。

跨界合作和 IP 授权：

乐高还通过与好莱坞电影（如《星球大战》《哈利·波特》等）合作，推出主题拼搭套装。这些产品不仅吸引了儿童，也吸引了大量成人粉丝，成功拓展了目标市场。

重塑的结果

- 乐高成功将自己从单纯的儿童玩具品牌转变为跨年龄层的创意和教育品牌，增强了品牌的生命力。
- 通过与热门 IP 的合作，乐高不仅提高了销售，还使其产品具备了收藏价值，进一步巩固了在全球市场的地位。

乐高成功的关键点

- 教育和创意结合：乐高将简单的积木重塑为激发创造力和动手能力的工具，赋予其教育功能。
- 拓宽受众群体：通过与热门 IP 合作，乐高不仅抓住了儿童市场，还吸引了大批成年粉丝，极大地拓宽了市场范围。

细分品类：精准满足特定需求

细分品类是指在一个已有的较大品类中，通过针对特定人群、特定使用场景或独特需求，进一步分化出更具针对性的小品类，满足更具体、更精准的市场需求。这类创新通过针对某一特定群体或使用场景来推出定制化产品，通过细分，品牌可以避免在大品类中与竞争对手进行同质化竞争，同时满足消费者的特殊需求，从而在特定市场中占据主导地位。

细分品类的核心逻辑

- 精准定位：避免与竞争对手在大品类中直接竞争，专注于细分市场的独特需求。例如，传统奶粉的目标人群是婴幼儿，而中老年奶粉通过重新定义目标人群，满足了中老年群体的营养需求。
- 满足特殊需求：通过定制化产品或服务，满足特定人群或场景的需求。例如，老人鞋通过"防滑、舒适"的设计，满足老年人对安全的需求。
- 建立领导地位：在细分市场中占据主导地位，形成品牌壁垒。例如，奶糖派通过专注于大杯女性的内衣市场，成为细分品类的领导者。

案例1　GoPro：极限运动相机的细分

背景

在 GoPro 诞生之前，市场上的摄像机大多是为日常生活和专业拍摄设计的，体积较大且价格昂贵，功能也主要针对专业摄影师或家庭用户。普通消费者很难找到一款适合运动场景的小型摄像机。

GoPro 的品类细分

专注于极限运动场景：

GoPro 开创了"极限运动相机"这一全新细分品类。它的产品设计非常适合极限运动爱好者，能够应对高强度、复杂的拍摄场景，如冲浪、滑雪、潜水等。

相比传统摄像机，GoPro 小巧、坚固，具备防水、防震等特性，可以安装在头盔、冲浪板、摩托车等设备上，解放了用户的双手。

行动捕捉的卖点：

GoPro 的相机通过广角镜头捕捉大范围的画面，且能够拍摄高清、流畅的视频。其"运动中捕捉动作"的独特卖点迅速吸引了那些希望记录自己运动过程的消费者。

社区和用户生成内容：

GoPro 不仅卖相机，还通过创建内容平台，鼓励用户上传自己使用 GoPro 拍摄的极限运动视频。这种社群化的推广策略大大提高了品牌的影响力，同时吸引了更多极限运动爱好者的关注。

细分的结果

- GoPro 成功开创了运动相机这一细分市场，成了极限运动中首选的相机品牌。它的产品不再只记录普通生活，而是专注于捕捉运动中的每一个精彩瞬间。
- 通过与运动场景的紧密结合，GoPro 不仅占据了这一细分市场的领导地位，还成功打破了传统摄像机的使用局限，成了运动爱好者的必备工具。

GoPro 成功的关键点

- 精准的目标受众定位：专注于极限运动场景，满足了这一群体对摄像设备的特殊需求。

- **产品功能与场景的完美结合**：GoPro 的小巧、耐用、防水等特性，适合极限运动中的各种挑战。
- **用户生成内容的推广策略**：通过用户视频，GoPro 建立了一个充满真实体验的社区，增强了品牌影响力。

案例 2　　花西子：国风美妆的细分

背景

在花西子诞生前，国内美妆市场主要被国际品牌占据，这些品牌以欧美风格为主，强调时尚和国际潮流。消费者对高端本土品牌的选择有限，尤其是具有深厚文化底蕴的美妆品牌几乎没有。

花西子的品类细分

以东方美学为核心：

花西子通过细分市场，开创了具有浓厚中国文化底蕴的美妆品类。它的产品设计灵感源于中国传统文化元素，如花鸟虫鱼、古代诗词等，采用古典美学包装，充分体现了东方的审美意境。

产品外观和体验：花西子的彩妆产品不仅仅是化妆品，更像是一件艺术品。比如，它的雕花粉饼以手工雕刻的花朵为主题，象征了中国传统的精致美学。

文化共鸣与认同感：

花西子不仅通过产品的外观设计展示中国文化，还将文化故事融入产品的推广。例如，品牌在推广中经常提到"东方之美"，通过这种情感营销吸引了对中国文化有认同感的年轻消费者。

传播文化故事：通过对中国传统文化的诠释，花西子成功地让消费者在购买美妆产品的同时，感受到文化的传承和共鸣。

跨界合作与 IP 联名：

花西子与传统文化机构或知名 IP 进行跨界合作，推出限量版文化联名产品。这种策略不仅进一步细分了市场，还吸引了大量文化爱好者和潮流追随者。

细分的结果

- 花西子成功将传统文化与现代美妆结合，开创了"东方美学"这一细分品类，打破了国际品牌对市场的垄断，成为中国本土美妆市场的领军品牌之一。
- 品牌不仅满足了消费者对高品质美妆产品的需求，还在情感上与消费者建立了深厚的文化联系，获得了极高的市场认可。

花西子成功的关键点

- 文化认同的建立：通过中国传统文化元素，花西子成功吸引了对本土文化有认同感的年轻消费者。
- 产品设计的独特性：通过艺术化的产品设计，品牌创造了与众不同的消费体验。
- 文化营销的成功应用：将东方美学与现代美妆结合，花西子在市场上建立了强大的文化认同。

升级品类：推动行业进步

升级品类是通过技术提升或功能扩展，创造出高于市场现有标准的新一代产品，从而推动整个行业的进步。这种创新往往能够吸引高端消费者并提升品牌的溢价能力。

升级品类的核心逻辑

- 技术引领：通过技术创新，提升产品性能或用户体验。例如，iPhone 通过不断升级硬件和软件，重新定义智能手机的标准。
- 品质升级：通过材料、工艺或设计的升级，打造高端产品。例如，特斯拉通过电动技术和自动驾驶技术，推动汽车行业的升级。
- 吸引高端消费者：通过升级品类，提升品牌溢价能力。例如，戴森通过"无叶风扇"技术，将普通风扇升级为高端家电。

案例1　特斯拉（Tesla）：电动汽车品类的升级

背景

在特斯拉出现之前，电动汽车市场主要集中在价格较低、续航里程短的小型电动汽车，这类产品通常被认为是城市短途出行的替代方案，无法与传统燃油汽车竞争。在消费者眼中，电动汽车的性能、舒适度和充电便利性与传统汽车相比存在明显差距，电动汽车被视为小众且功能受限的产品。

特斯拉的品类升级

高性能电动汽车的开创者：

特斯拉通过技术创新彻底改变了人们对电动汽车的认知。品牌不仅提升了电动汽车的续航里程，还推出了高性能版本的电动汽车，其加速度、驾驶体验和智能科技全面超过了同价位传统燃油车。例如，特斯拉 Model S 的加速性能甚至超越了许多跑车，彻底颠覆了"电动汽车性能不足"的刻板印象。

长续航电池技术：特斯拉突破性地解决了电动汽车的续航问题。通过研发更高效的锂电池和能量管理系统，特斯拉的电动车一度拥有远超同时期其他品牌的续航里程，为长途驾驶提供了可行性。这一技术升级让电动汽车从城市通勤工具转变为全方位的出行解决方案。

智能驾驶技术的引入：

特斯拉在电动汽车品类中引入了自动驾驶技术和智能车载系统。这一升级使得电动汽车不仅仅是"交通工具"，更成为智能移动终端。

自动驾驶：特斯拉的 Autopilot 系统能够实现自动变道、自动泊车和高速公路自动驾驶功能，显著提高了行车的安全性和便利性。这一技术创新不仅提升了电动汽车的功能性，还为未来的智能驾驶奠定了基础。

高端市场定位：

特斯拉打破了电动汽车"廉价代步工具"的市场定位，将其重新定义为高端科技产品。这不仅提高了产品的溢价能力，还吸引了中高端消费群体。

品牌定位升级：通过提供高性能、智能化、高颜值的电动汽车，特斯拉成功进入了高端汽车市场，并且迅速成为高科技出行的代表品牌，形成了强大的品牌影响力。

升级的结果

- 特斯拉通过对电动汽车的性能、技术和体验进行全面升级，成功将电动汽车从小众产品转变为主流市场的一部分，并且获得了高端消费者的认可。特斯拉不仅打破了传统燃油车的市场格局，还引领了全球汽车行业向智能化和电动化方向转型。
- 品类的升级使得特斯拉在全球市场中占据了技术领先地位，并成为高端电动汽车的代表品牌。消费者对电动汽车的认知从"低性能、低续航"转变为"高性能、智能化、环保"的形象。

特斯拉成功的关键点

- 技术升级：通过续航里程和电池技术的突破，特斯拉成功解决了电动汽车的核心痛点，为消费者提供了可媲美甚至超越燃油车的驾驶体验。
- 智能化升级：引入自动驾驶和智能车载系统，使电动汽车成为智能移动终端，大幅提升了产品的附加值。
- 品牌定位的提升：特斯拉通过高性能和高端设计将电动汽车品类升级，吸引了中高端消费者，改变了电动汽车的市场定位。

案例2　戴森（Dyson）：家电产品的升级

背景

在戴森进入市场之前，家电产品（如吸尘器、风扇等）大多依赖于传统的机械设计，虽然具备基本的功能，但在性能、设计和用户体验上缺乏突破性创新。家电产品通常给人的印象是单一功能性工具，消费者对其期望值较低。

戴森的品类升级

突破性科技创新：

戴森通过突破性的科技创新，升级了传统家电的性能和用户体验。例如，戴森无叶风扇采用了空气倍增技术，通过无叶设计实现了更高效、更安静的风力输出，彻底改变了传统风扇的结构和工作原理。

吸尘器技术升级：戴森吸尘器通过强大的多圆锥气旋技术，提升了吸尘器的吸力，并且无须传统的尘袋设计，使用更加便捷。这种技术突破解决了传统吸尘器吸力不足、频繁更换尘袋的问题，带来了更高效、更便捷的清洁体验。

设计美学与功能结合：

戴森不仅在技术上进行了创新，还将产品设计提升到了新的高度。其产品线条简洁、富有未来感，完全颠覆了传统家电的"工具化"外观。戴森的产品不再只是家用电器，更成了家居美学作品，提升了用户的居家体验。

用户体验的升级：除了功能强大，戴森的产品在细节设计上注重用户体验，如无叶风扇可以远程调控、吸尘器的头部可以自由旋转等，这些升级都极大地提升了用户使用的便捷性。

高端定位与溢价能力：

戴森将家电产品从功能性工具升级为高端家居用品，通过创新技术和美学设计，戴森的产品具有了极高的品牌溢价能力。例如，戴森吸尘器的价格远高于市场平均水平，但其在消费者心中留下的"科技感"和"品质感"等印象使得这些产品成为中高端家庭的首选。

品牌价值升级：通过不断推出新技术和新产品，戴森在家电行业中树立了"创新、品质、高端"的品牌形象，品牌本身成了品质生活的象征。

升级的结果

- 戴森通过技术和设计的全面升级，成功在竞争激烈的家电市场中占据了独特的高端位置。消费者不再仅仅将家电视为工具，而是通过戴森的产品体验到了更高效、时尚、智能的生活方式。
- 戴森的成功不仅在于其技术的突破，更在于品牌价值的提升。这使得戴森在家电行业中获得了极高的市场认可，形成了强大的品牌竞争力。

戴森成功的关键点

- 技术创新：戴森通过突破性的科技创新，在家电品类中引入了全新的设计和功能，提升了用户体验。
- 设计美学与高端定位：通过将产品设计提升至家居美学的高度，戴森成功打造了具有时尚感和品质感的高端家电品牌。

- 溢价能力：通过技术、设计和品牌价值的全面升级，戴森的产品能够在高价位上保持强劲的市场需求。

案例 3　　lululemon：运动服饰品类的升级

背景

在 lululemon 进入市场之前，运动服饰主要集中于功能性产品，市场上以耐克、阿迪达斯等品牌为主，产品大多针对男性运动员和健身爱好者。这些品牌的运动服饰注重性能和技术，如吸汗、透气等功能，但对时尚感、舒适度和女性需求的考虑较为有限。

lululemon 的品类升级

从运动到日常的跨界融合：

lululemon 创新性地将运动服饰和日常时尚结合，打造出既适合运动也适合日常穿着的运动服饰。这种"运动+生活"（athleisure）的理念彻底改变了传统运动服的定位，推动了运动服成为日常休闲和工作场合的潮流服装。

瑜伽服饰的市场突破：lululemon 专注于瑜伽服饰，通过高弹性、无缝设计和贴合女性体型的裁剪，使瑜伽服在舒适度和功能性上都达到了极致。品牌通过提升产品的材质和设计，让消费者在运动时不仅感觉舒适，还能时刻保持时尚外观。

面料技术的升级：

lululemon 针对运动和日常活动，研发了多种专利面料，如 Luon、Nulu 等，这些面料不仅具有优异的弹性和支撑力，还具备抗汗、透气、防臭等功能。通过这些技术创新，品牌彻底升级了运动服饰的舒适性与功能性。

高性能与舒适感结合：lululemon 的面料不仅保证了高强度运动时的支撑性，还能在日常穿着中提供极致的舒适感，消除了传统运动服饰对身体的束缚感。

重视社区与品牌文化：

lululemon 不仅销售运动服饰，还通过举办瑜伽课、社区活动等方式，打造了一个运动生活方式的社区。品牌通过与消费者的互动，强化了其"运动即生活"的理念，形成了强大的品牌忠诚度。

瑜伽与健康生活方式的结合：lululemon 深度挖掘了消费者对健康生活方式的追求，除了产品之外，还通过瑜伽和健康生活理念，与消费者建立了情感共鸣。这种生活方式的引领，极大增强了品牌在目标群体中的影响力。

瞄准女性市场的高端定位：

lululemon 的早期目标群体主要是中高收入女性，特别是注重健康、时尚和生活品质的女性消费者。通过高品质的设计和面料，品牌成功打入了高端运动服市场，并迅速成了瑜伽爱好者和时尚女性的首选品牌。

高价策略与品牌溢价：lululemon 并没有采取传统运动品牌的低价竞争策略，而是通过产品质量、独特设计和品牌文化来定位高端市场。其高价格不仅没有吓退消费者，反而因为品牌价值和体验感的提升，获得了大量忠实消费者。

升级的结果

- lululemon 成功升级了运动服饰品类，将运动服从仅限于健身房或运动场所，转变为日常生活和工作场合的流行穿搭。它通过创新的面料技术、时尚设计和品牌文化，吸引了大批追求健康生活方式的消费者。
- 品类的升级不仅帮助 lululemon 成为运动服饰市场的高端品牌，还推动了整个运动时尚行业的发展，催生了"athleisure"这一全新品类的兴起。

lululemon 成功的关键点

- 面料与技术升级：通过自主研发的高性能面料，lululemon 成功解决了运动时的舒适性问题，并提升了产品的功能性和用户体验。
- 时尚与运动结合：品牌通过时尚化设计，让运动服饰不仅适用运动场合，还可以成为日常穿搭的一部分，彻底改变了消费者对运动服饰的认知。
- 社区与文化的深度绑定：lululemon 通过社区活动和健康生活理念的推广，增强了品牌的用户黏性和忠诚度，形成了强大的品牌文化。

创新品类：开创全新市场

创新品类是指通过推出一种全新的产品或服务，开创一个全新的市场领域。这个品类之前并不存在，借助创新的产品或服务解决了消费者未被满足的需求。创建一个之前没有的品类会拥有主导权，可以率先定义这个品类的所有概念，如定义这个品类的名称、产品/服务标准、产品/服务形态等。

创新品类的核心逻辑

- **解决痛点**：通过创新产品或服务，解决消费者未被满足的需求。例如，GoPro 借助"运动相机"品类，满足极限运动爱好者的拍摄需求。
- **定义市场规则**：作为品类开创者，定义产品名称、标准和使用场景。例如，Airbnb 借助"共享住宿"品类，重新定义旅行住宿方式。
- **抢占先机**：通过先发优势，占据市场主导地位。例如，大疆借助无人机技术，开创"消费级无人机"品类。

案例 1　　Airbnb：民宿市场的创新

背景

在 Airbnb 出现之前，旅行者主要在酒店或旅馆住宿，短租和民宿市场相对较小且分散。传统的住宿行业由大规模连锁酒店和精品酒店主导，旅客选择的范围有限，尤其是年轻旅客或预算有限的旅行者难以找到价格合理且具有独特体验的住宿选择。

Airbnb 的品类创新

共享经济模式的应用：

Airbnb 通过将"共享经济"模式引入住宿行业，开创了短租民宿这一全新品类。品牌通过在线平台，将有空闲房屋的房主与寻找住宿的旅行者连接起来，提供了一种比酒店更灵活、更个性化的住宿选择。

多样化的住宿体验：Airbnb 的平台上不仅有普通民宿，还有各种特色房源，如海边别墅、树屋、城市公寓等。旅行者可以根据自己的偏好获得独特的住宿体验。

打破传统酒店的垄断：

传统的酒店业市场以连锁酒店和高端酒店为主，消费者的选择有限。而 Airbnb 的创新通过将全球各地的民宿整合到一个平台上，为旅行者提供了更加多样化和灵活的住宿选择，且价格通常比酒店更加低廉。

灵活定价与本地体验：Airbnb 的民宿房源由个人房主提供，定价灵活，且房主往往能提供当地独特的旅行建议和体验。这种"本地人视角"的服务吸引了那些希望深入体验当地文化的旅行者。

全球化扩展与平台效应：

Airbnb 的平台模式使得其可以轻松扩展到全球市场。通过网络平台，Airbnb 快速连接了世界各地的房主和旅行者，创造了强大的网络效应，极大地提升了用户体验和便利性。

安全保障与信任系统：为了打消用户对共享住宿的安全顾虑，Airbnb 引入了全面的用户评价系统，并提供保险和保障服务，以确保房东和旅行者双方的权益。

打造独特的社区文化：

Airbnb 不仅提供住宿服务，还通过将旅行体验与社区文化相结合，打造了一个以"分享"和"体验"为核心的社区。平台鼓励房主分享自己的故事和推荐当地的旅行体验，增强了旅行者与当地文化的联系。

体验式旅游的引领者：除了住宿，Airbnb 还推出了"Airbnb Experiences"（爱彼迎体验），让旅行者可以通过平台预订当地人的导游服务、文化体验等，进一步增加了旅行的深度和广度。

创新的结果

- Airbnb 成功开创了短租民宿这一全新市场品类，打破了传统酒店行业的垄断地位，为全球旅行者提供了更加灵活、经济、个性化的住宿选择。
- 品类创新不仅使 Airbnb 成为全球最大的住宿共享平台，还引领了整个旅游行业的变革，推动了体验式旅游和共享经济的迅猛发展。

Airbnb 成功的关键点

- 共享经济的引入：通过共享经济模式，Airbnb 成功打破了传统住宿行业的结构，提供了更加灵活和个性化的住宿选择。
- 全球化扩展与平台效应：Airbnb 利用网络平台的优势，将民宿和短租房源连接到全球旅行者，形成了巨大的网络效应。
- 社区与文化的融合：品牌通过本地文化的推广和旅行体验的深入，优化了旅行者的体验，打造了强大的社区文化。

案例 2　　Kindle：电子书阅读器的创新

背景

在 Kindle 出现之前，人们阅读的主要是纸质书籍，虽然电子书的概念已经存在，但大多是在电脑或平板上进行阅读。纸质书籍体积大、不便携带，而传统电子书又缺乏纸书的阅读质感。与此同时，长时间使用电脑、平板等电子设备的屏幕容易造成视觉疲劳，因此电子书并未获得大规模普及。

Kindle 的品类创新

专注阅读体验的电子设备：

Kindle 创新性地推出了一款专注于阅读体验的设备，与传统的平板或手机不同，Kindle 使用了电子墨水屏技术，极大地减轻了屏幕对眼睛的刺激，让用户可以长时间阅读而不感到疲劳。这一技术成功模拟了纸质书的阅读体验。

便携性与大容量结合：Kindle 设备轻便小巧，可以随身携带，同时拥有大容量的电子书存储空间，用户可以在一个设备中存储成千上万本书籍，解决了纸质书的携带不便问题。

线上书店与设备的结合：

Kindle 的成功不仅仅是硬件创新，它还结合了亚马逊的庞大电子书库，为用户提供了一个一站式的购书和阅读体验。用户可以通过 Kindle 直接访问亚马逊书店，购买、下载电子书，无须再去实体书店或依赖第三方软件。这一线上书店的整合，使得 Kindle 成为电子书阅读的首选设备。

同步功能与跨设备阅读：Kindle 还推出了跨设备同步阅读

功能，用户可以在 Kindle 设备、手机、电脑上无缝切换，继续阅读同一本书。这种功能的推出大大增强了阅读的灵活性和便利性。

低功耗与长续航：

Kindle 的电子墨水屏技术不仅提升了阅读体验，还极大地降低了设备的能耗。相比于传统电子设备动辄需要每天充电，Kindle 可以在一次充电后连续使用数周。这一低能耗设计极大地提升了用户的使用体验，满足了重度阅读者的需求。

便携与高续航的完美结合：轻便的设计和长时间的续航使得 Kindle 成为用户出行、旅行时的理想阅读工具。无论在家还是外出，Kindle 都为用户提供了一个随时随地阅读的可能性。

推广自出版与独立作者：

Kindle 不仅仅是阅读工具，它还通过亚马逊的 Kindle Direct Publishing（KDP）平台，赋予了独立作家和自出版作者一个便捷的发行渠道。KDP 使得任何人都可以轻松将自己的作品出版到 Kindle 平台上，获得更广泛的曝光和收入来源。这一创新不仅为亚马逊带来了大量内容，还支持了独立作者的成长，形成了一个健康的电子书生态系统。

电子书生态的建立：通过自出版渠道和亚马逊庞大的书籍库，Kindle 成了电子书领域的领导者，并建立了完整的电子书生态系统，吸引了大量读者和创作者。

创新的结果

- Kindle 成功开创了"电子书阅读器"这一全新品类，将阅读体验从纸质书籍带入了数字时代，并且通过电子墨水屏技术、便捷的购书平台和长续航设计，成了全球电子书阅读的首选设备。
- 品类创新不仅帮助 Kindle 在全球电子书市场中占据了主导地位，还推动了整个出版行业的数字化转型，使电子书成了纸质书的重要补充。

Kindle 成功的关键点
- 电子墨水屏技术的应用：Kindle 通过电子墨水屏技术成功模拟了纸质书的阅读体验，解决了传统电子屏幕阅读的用眼疲劳问题。
- 整合内容与平台：通过与亚马逊书店的无缝整合，Kindle 为用户提供了一个便捷的购书、阅读和存储体验，彻底改变了读者的购书和阅读方式。
- 便携性与续航的结合：Kindle 的轻便设计和长时间续航大大提升了用户的使用体验，使其成了随时随地阅读的理想设备。

变更品类：转向新增长机会

变更品类是指在原有品类市场竞争激烈或发现新品类市场更大的情况下，品牌通过调整自身的产品特性或使用场景，从一个品类转向另一个不同的品类，从而获得新的增长机会。

变更品类的核心逻辑
- 市场洞察：发现新品类市场的潜力，及时调整战略。例如，诺基亚从造纸厂变更为手机制造商，成为全球手机市场的领导者。
- 资源整合：将现有资源重新配置，支持新品类的发展。例如，IBM从硬件制造商变更为软件和服务提供商，实现业务转型。
- 抢占新市场：通过品类变更，快速进入新市场并占据主导地位。例如，亚马逊从在线书店变更为全球电商平台。

案例1　可口可乐：从碳酸饮料向健康饮品的品类变更

背景

可口可乐一直以来是全球碳酸饮料的领导品牌，其经典的甜味碳酸饮料在全球享有极高的知名度和市场份额。然而，随着消费者健康意识的提升，尤其是在欧美市场，越来越多的消费者开始减少含糖饮料的摄入，对碳酸饮料的市场需求逐渐下降。面对市场的变化和健康趋势的冲击，可口可乐必须寻找新的增长点，以适应消费者的需求变化。

可口可乐的品类变更

向健康饮品市场转型：

可口可乐通过产品线的扩展和变更，从碳酸饮料市场逐步进入健康饮品领域。品牌推出了零糖、低糖版本的可乐，如"Coca-Cola Zero"和"Diet Coke"，以适应那些想减少糖分摄入的消费者的需求。同时，可口可乐还推出了不含人工甜味剂的饮品，如"Coca-Cola Life"，利用天然甜味剂甜菊糖来替代传统的糖。

健康饮料线的扩展：除了零糖、低糖饮料，可口可乐还大力投资健康饮料品牌，进入了瓶装水、运动饮料、果汁和茶饮等品类市场。品牌通过收购和开发新品牌，如收购了 Glaceau Smartwater、Minute Maid、Honest Tea 等，从而增加了在健康饮品市场的存在感。

功能性饮品的引入：

可口可乐并不止步于提供低糖或无糖饮料，还通过开发和收购功能性饮品品牌，进一步进入健康和功能性饮品市场。品牌推出了"Coca-Cola Energy"这类能量饮料，满足运动爱好者和需要额外提神的消费者的需求。可口可乐还在植物性饮料、补水饮品等领域有所布局，以适应多样化的健康需求。

健康功能的强调：在市场推广中，可口可乐不断强调其新产品的健康功能，特别是低卡路里、低糖、富含维生素等功能性特点。这不仅吸引了那些对健康有高度关注的消费者，也让品牌逐渐摆脱了碳酸饮料在健康方面的负面形象。

重新定位品牌形象：

可口可乐通过广告和市场营销，逐步淡化其作为高糖碳酸饮料的品牌形象，转而强调"健康、清新和活力"。品牌通过推出针对年轻消费群体的零糖产品，并结合运动、活力等健康主题，重新定义其在饮料市场中的角色。

品牌年轻化：通过与健身、运动赛事等健康生活方式结合，可口可乐在年轻消费者群体中重塑了健康形象。品牌的目标不仅仅是保持传统可乐饮品的影响力，还希望通过健康饮料的推广进入更多的日常生活场景。

健康饮品与环保的结合：

除了产品本身的变更，可口可乐也开始在环保领域投入更多资源，尤其是在饮品包装和可持续发展方面。例如，可口可乐推出了可回收瓶装水和无塑料包装计划，强调其在环保和健康领域的双重承诺。这种策略进一步增强了品牌的可持续性形象，吸引了注重环保的消费者。

变更的结果

- 可口可乐通过从碳酸饮料向健康饮品的品类变更，不仅保住了其在全球饮料市场的领导地位，还在健康饮料这一新兴市场中获得了大量增长机会。通过推出零糖、低糖以及功能性饮品，品牌成功吸引了关注健康的消费者群体。
- 品类变更让可口可乐在健康饮品市场上迅速获得了市场份额。同时，通过与健康生活方式、环保理念相结合，可口可乐重塑了品牌形象，逐步摆脱了高糖碳酸饮料的品牌形象。

可口可乐成功的关键点

- 顺应市场趋势：通过准确捕捉到消费者对健康的需求变化，可口可乐及时变更了产品品类，从传统碳酸饮料扩展到健康饮品市场，满足了新的消费需求。
- 产品多元化与创新：品牌不断推出零糖、低糖饮品，并大力发展功能性饮料和天然成分饮品,以丰富其产品线,吸引更多的消费者。
- **品牌形象的重塑**:通过广告营销和与健康、运动、环保主题的结合,可口可乐成功改变了碳酸饮料的负面形象,重塑了品牌在年轻消费者心目中的健康形象。

案例 2　宜家:从家具零售到家居生活方式的品类变更

背景

宜家最初是一家提供平价家具的零售商,专注于通过自助式家具拼装、平价设计和大规模生产来降低成本,并为全球消费者提供简洁实用的家具产品。然而,随着市场竞争的加剧,尤其是在高端家居市场,宜家的低成本模式逐渐面临增长瓶颈。

宜家的品类变更

从卖家具到卖家居生活方式:

宜家通过对市场需求的深度洞察,将自身从单纯的家具销售商转型为一个提供整体家居生活解决方案的品牌。品牌不仅出售家具产品,还通过展示完整的家居生活场景,帮助消费者更好地理解和体验宜家提供的生活方式。

整体家居体验的创新:宜家店内的家居展示区不仅展示单件家具,还为消费者提供了"整体房间"解决方案,从厨房、卧室到客厅,展示不同风格和功能的家居组合。消费者可以在宜家找到适合自己生活方式的家居灵感和创意。

进入家居设计和装修市场：

宜家逐渐进入家居设计和装修市场，提供全方位的室内设计服务和定制化家装解决方案。品牌不仅提供标准化的家居产品，还推出了厨房、衣柜等家居产品的定制化服务，帮助消费者打造完全符合个人需求的家居空间。

DIY与设计服务结合：通过提供DIY（自己动手）和定制化设计服务，宜家吸引了更多追求个性化、经济实惠的消费者。品牌还通过不断优化物流和配送系统，确保消费者能够便捷地获取产品和服务。

智能家居与科技结合：

宜家通过与科技公司的合作，进入智能家居市场。品牌推出了智能灯具、智能音箱等系列产品，让消费者能够通过手机应用或语音助手控制家中的灯光和音响设备。这一品类变更使宜家进入了科技驱动的家居市场，进一步增强了品牌的吸引力。

可持续家居的推广：宜家还通过推出环保家具、可回收材料制作的家居用品，迎合了消费者对环保、可持续生活的需求。品牌通过这种变更，进一步扩大了在家居市场的影响力。

多元化产品线的扩展：

除了家具，宜家还推出了包括家居饰品、厨具、餐具、植物等全方位的家居产品，进一步丰富了产品自身的品类。通过这种多元化产品线的扩展，宜家不再只是一家卖家具的商店，而是一个提供整体生活方式的品牌。

从"产品"到"生活方式":宜家通过变更品类,逐步淡化了"低价家具"的品牌定位,转而强调"为每个人创造更好的日常生活",帮助消费者实现高效、舒适且富有设计感的家居体验。

变更的结果

- 宜家成功通过从家具销售商向整体家居生活方式提供者的品类变更,重新定义了自己的市场定位。品牌不仅在全球家居市场继续保持领导地位,还以不断扩展的产品线和服务为消费者提供了更丰富多样的家居生活解决方案。
- 品类变更使得宜家不仅仅是一个家具品牌,更成为消费者心目中与家居设计、生活方式和环保理念紧密相连的品牌。

宜家成功的关键点

- 从产品到生活方式的转变:宜家通过提供整体家居体验和设计服务,成功将自己从简单的家具零售商转型为家居生活方式的领导者。
- 智能家居与可持续发展:通过推出智能家居和环保产品,宜家迎合了科技进步和环保意识提升的市场需求,增强了品牌的未来竞争力。
- 产品线的多元化扩展:从家具到家居装饰、家用电器和智能家居,宜家通过产品线的多元化,进一步扩大了品牌影响力和市场份额。

案例 3　王老吉：从传统凉茶到功能性饮料的品类变更

背景

王老吉诞生于 1828 年，是中国岭南地区传统的凉茶品牌，凉茶以清热解毒、祛湿止渴的功效在南方地区广为流传。然而，传统凉茶在现代市场逐渐成为一种小众的区域性产品，主要作为中草药饮品出售，市场受众局限于那些了解或信任中医药文化的消费者。

随着功能性饮料，尤其是红牛等带动的能量饮料风潮的兴起，市场对具有保健或功能性功效的饮料的需求大幅上升。传统的凉茶面临着年轻一代消费者对其药用价值的质疑，王老吉急需寻找新的突破口来重新获得市场份额。

王老吉的品类变更

从传统凉茶到功能性饮料的转型：

王老吉通过对凉茶产品进行重新包装和重新定位，成功从传统中药凉茶转型为功能性饮料。品牌摒弃了药用饮品的传统形象，采用了现代化的产品包装，定位为"预防上火"的功能性饮料，开始作为适合日常饮用的健康饮料推广。

广告宣传的改变：通过大规模的广告宣传，王老吉重点强调凉茶饮品"预防上火"的功能，避免直接涉及凉茶的药用背景。品牌以"怕上火，喝王老吉"作为广告语，使其从药用饮料转型为预防上火的日常饮品，吸引了更多年轻消费者的关注。

现代化包装与品牌重塑：

王老吉在变更品类的过程中，采用了现代化的铝罐和纸盒包装，避免了传统凉茶给人留下的"药味浓重"的印象。通过清新、简洁的红色铝罐包装，王老吉重新塑造了品牌形象，传递出时尚、健康、便捷的理念，成功进入了功能性饮料市场。

品牌形象升级：王老吉不再仅仅是南方消费者的"凉茶"品牌，而是一个全国性的功能性饮料品牌。它"预防上火"的功能精准切中了现代快节奏生活中普遍的健康问题，尤其是在天气炎热或高强度工作时，消费者会选择王老吉作为日常解渴和消暑的饮品。

进军大众市场与扩展消费场景：

王老吉通过变更品类，成功突破了原先凉茶饮品的区域性和季节性限制，进入了全国性的大众饮料市场。品牌不仅适用于夏季清热解毒，也借助"预防上火"这一卖点进入了全年日常消费场景。

消费场景的扩展：传统凉茶主要针对炎热天气或特定的饮食文化场合，而王老吉通过打造现代功能饮料品牌形象，成功进入了各种日常消费场景，如饭后解腻、聚会、运动后补充水分等。这种多场景应用增强了品牌的市场渗透力。

产品线的多元化：

在成功变更为功能性饮料后，王老吉进一步拓展了产品线，推出了多种口味的凉茶饮品，同时进入了植物饮料、低糖饮料等细分市场，满足了更多元化的消费者需求。品牌通过推出新口味和健康选项，进一步提升了在年轻消费者中的影响力。

品牌延伸与跨界合作：王老吉还通过与其他食品、饮料品牌的跨界合作，进一步提升了品牌的曝光度和市场影响力。例如，与餐饮品牌进行合作，在消费者的日常饮食场景中进一步推广凉茶的功能性饮品定位。

变更的结果

- 通过从传统凉茶向功能性饮料的品类变更，王老吉不仅成功摆脱了凉茶作为药用饮品的形象局限，还进入了更广泛的功能性饮料市场。品牌借助"预防上火"的健康理念、现代化包装、精准的广告营销，重新焕发了市场活力，并获得了大量新一代消费者的喜爱。
- 品类变更使得王老吉不仅成为功能性饮料的领导品牌，还成功扩展了在全国范围内的影响力。如今，王老吉不仅是南方人的凉茶，更是全国消费者"预防上火"的首选饮品。

王老吉成功的关键点

- 品类重塑与功能定位：王老吉通过强调"预防上火"这一健康功能，将凉茶重新定义为日常功能性饮品，成功吸引了现代消费者的关注。
- 现代化品牌形象与包装：通过时尚简洁的包装设计和大规模广告宣传，王老吉重新塑造了品牌形象，使其更符合年轻消费群体的审美需求。
- 多元化消费场景：通过扩展凉茶的应用场景，王老吉进入了更广泛的饮料消费市场，成功从传统凉茶品牌转型为全年适用的功能性饮料品牌。

对立品类：挑战市场主流

对立品类指的是品牌通过推出与市场主流产品完全相反的产品，形成强烈的对比，建立鲜明的区隔，挑战现有品类的市场地位，从而在竞争激烈的市场中迅速脱颖而出。对立品类通常会通过挑战市场的既有规则和传统，满足消费者对与众不同的需求。

对立品类的核心逻辑

- 反向定位：与市场主流产品形成鲜明对比，吸引消费者的注意。例如，七喜借助"非可乐"定位，与可口可乐和百事可乐形成对立，抢占市场。
- 满足差异化需求：通过对立品类，满足消费者对与众不同的需求。例如，MINI Cooper借助"小而精"的设计，与大型豪华车形成对立，吸引年轻消费者。
- 建立品牌个性：通过挑战市场规则，塑造独特的品牌形象。例如，特斯拉借助电动汽车挑战传统燃油车市场。

案例1   MINI Cooper：大型汽车的对立品类

背景

在汽车行业，市场主流产品长期由大型轿车和SUV主导，消费者追求的是空间大、动力强、配置豪华的车辆。然而，随着城市化进程的加快和交通拥堵的加剧，消费者开始寻求更加适合城市驾驶、节能环保的小型车辆。但在当时，市场对小型车的印象通常是廉价、低配置和缺乏个性化。

MINI Cooper 成功地打破了这种刻板印象，推出了与主流大型车截然对立的小型车品类，并以此在竞争激烈的汽车市场中迅速获得了成功。

MINI Cooper 的对立品类创新

小型车的高端化与个性化：

MINI Cooper 没有走传统小型车的"低价"路线，而是通过将小巧的车身与高端设计和精良做工相结合，创造出了一个与市场主流大型轿车或 SUV 完全对立的小型高端车品类。

独特的设计语言：MINI Cooper 以其标志性的圆形前灯、紧凑的车身设计和个性化的定制选项，成了市场上一款极具辨识度的产品。其复古风格结合现代科技，成功吸引了追求时尚、个性和独特感的消费者。

城市驾驶的便利性与驾驶乐趣：

相比大型轿车或 SUV，小巧的 MINI Cooper 更加适合城市驾驶，特别是在拥挤的都市街道上，MINI Cooper 的灵活性和易于停车的特性得到了消费者的高度认可。

强调驾驶乐趣：尽管车身小巧，MINI Cooper 并没有牺牲驾驶性能。相反，品牌通过提升操控性和动力表现，向消费者传递出"驾驶乐趣"的核心理念。这种既小巧又富有驾驶乐趣的对立品类设计成功吸引了大量都市年轻群体。

高端定位与个性化定制：

MINI Cooper 没有走传统小型车的"低价"路线，而是定位为高端时尚小车，借助丰富的定制选项（如不同颜色的车顶、内饰和配置），为消费者提供了个性化的选择。这与传统汽车厂商提供的标准化产品形成了鲜明对比。

个性表达的品牌核心：MINI Cooper 通过广告和市场推广，强调它不仅仅是一款汽车，更是车主个性表达的延伸。其广告语"Go small，live large"成功传递了品牌的核心价值——小巧的车身却承载着优良的个性化体验。

颠覆传统汽车市场的形象：

在大型车主导的市场环境下，MINI Cooper 以"小"对抗"大"，通过设计、品牌调性和个性化，挑战了消费者对小型车的传统认知。MINI Cooper 的独特设计风格让其在同质化的汽车市场脱颖而出，成为年轻、时尚、创意群体的首选。

大胆的品牌形象与社交媒体的结合：MINI Cooper 在广告宣传中一直强调其"与众不同"的态度，采用幽默、活泼的风格，借助社交媒体加强了品牌的与消费者的互动，成功建立了独特的品牌形象。

对立的结果

- MINI Cooper 通过与市场主流的大型车品类对立，成功开创了"小型高端车"这一细分市场，吸引了大量追求个性化、时尚的都市年轻消费者。其独特的设计风格和个性表达，使得 MINI Cooper 不再仅仅是一辆车，而是消费者个性与生活方式的象征。

- 品类的对立使得 MINI Cooper 在汽车市场中获得了独特的定位，并且形成了很强的品牌认同感。消费者购买

MINI Cooper不仅是为了出行，更是在表达自我。

MINI Cooper成功的关键点

- 对立品类的独特定位：通过推出与大型车对立的小型高端车，MINI Cooper成功避开了传统汽车市场的竞争，创造出新的市场需求。
- 个性化与品牌认同：MINI Cooper强调个性化定制与时尚设计，成功吸引了那些希望通过车来表达自我的消费者，形成了强烈的品牌认同感。
- 驾控与设计并重：通过提升驾驶乐趣与保持设计的独特性，MINI Cooper在小型车市场树立了全新的标杆，挑战了消费者对小型车的传统认知。

案例2 innisfree：从传统护肤品到自然主义护肤的对立品类

背景

在全球护肤品市场上，传统护肤品牌如雅诗兰黛、欧莱雅等主打高科技成分、奢华包装和高级感。这些品牌大都靠强调实验室研发、化学配方等方式吸引消费者，给人一种科学权威的印象。然而，随着消费者对天然成分和环保理念的关注度日益提高，市场上开始出现对更自然、环保、温和的护肤品的需求。

innisfree成功抓住了这一趋势，推出了与传统高端护肤品完全对立的"自然主义护肤"品类，通过强调天然原料、环保包装以及低刺激性，迅速占领了市场。

innisfree 的对立品类创新

自然成分的核心卖点：

innisfree 将产品的核心卖点定位于"自然成分"，强调其护肤产品中的天然原料来源于韩国济州岛，所有成分均取自大自然，如绿茶、火山泥等。这与市场上传统护肤品强调高科技配方的做法形成了鲜明对比，吸引了追求天然、温和的护肤品的消费者。

绿色美学与环保理念：innisfree 还通过提倡环保包装、可回收材料和自然种植等理念，进一步强化了其"自然主义"的品牌形象，赢得了那些关注可持续发展和环境保护的消费者群体。

年轻、环保与健康的品牌定位：

与传统奢华护肤品牌不同，innisfree 的品牌形象更加年轻、亲和。其主打的天然成分与环保理念，使得品牌与追求健康生活方式的年轻群体产生了强烈的共鸣。品牌通过简约的包装设计和清新的广告调性，打造了与传统奢华护肤品截然不同的品牌形象。

亲民的价格与高质量结合：虽然以天然成分为卖点，但 innisfree 的产品价格相对亲民，定位大众市场。这与市场中许多奢华护肤品牌形成了价格和理念的双重对立，使其能够吸引更多的年轻消费者。

可持续与社会责任：

除了在产品中使用天然成分，innisfree 还大力推广可持续发展和环境保护。品牌通过组织环保活动、指出回收旧包装计划等，成功塑造了一个有责任感的企业形象。这与传统护肤品牌主要关注产品效果和市场销售形成了鲜明对比，吸引了更多关注环保和社会责任的消费者。

环保活动与社群建设：通过线上线下相结合的环保活动，innisfree 不仅销售产品，还构建了一个关注环境、热爱大自然的社区，进一步巩固了品牌的环保形象。

全球扩展与亚洲文化推广：

虽然起源于韩国，但 innisfree 通过"自然主义"的对立品类定位，在全球市场迅速扩展，尤其是在亚洲和欧美市场赢得了大量的年轻消费者。品牌不仅销售护肤品，还通过推广韩国济州岛的自然之美，将产品与文化体验相结合，进一步强化了其品牌独特性。

文化与护肤的结合：innisfree 不仅强调产品本身，还通过传递济州岛的自然文化，将自然与护肤的概念深度结合，形成了与其他护肤品牌完全不同的文化体验。

对立的结果

- innisfree 通过推出与市场主流护肤品截然对立的"自然主义护肤"品类，成功地在竞争激烈的护肤市场开辟了全新的消费群体。强调天然成分和环保理念的品牌定位，使其赢得了大量年轻消费者的青睐。
- 品类的对立使得 innisfree 能够在护肤品市场占据差异化的竞争优势，成了自然护肤和环保理念的代表品牌。

innisfree 成功的关键点

- 自然主义与对立定位：通过与传统护肤品牌在成分、理念和品牌形象上的对立，innisfree 成功塑造了天然环保的护肤品牌形象，吸引了对健康与环保高度关注的消费者。
- 亲和力与价格优势：品牌通过亲民的价格和温和的形象，使得天然护肤不再是小众或高端市场的专利，而是可以广泛应用于大众市场。
- 环保与社会责任结合：通过大力推广环保活动和社会责任，innisfree 将护肤品与消费者的价值观相结合，进一步提升了品牌的忠诚度和用户黏性。

案例 3　百事可乐、可口可乐和七喜：经典的对立品类竞争

背景

百事可乐（Pepsi）与可口可乐（Coca-Cola）之间的竞争，以及七喜（7-UP）作为无咖啡因碳酸饮料的"第三力量"，是碳酸饮料市场最具代表性的对立品类案例。

可口可乐和百事可乐：主导品牌与挑战者的对立

可口可乐诞生于 1886 年，长期以来一直在全球碳酸饮料市场占据主导地位。可口可乐以经典的配方、标志性的红色包装和传统美式文化形象牢牢占据了主流市场。品牌的广告多以怀旧情怀、团结和快乐为主题，营造出一种温馨的、与亲友和谐相处的品牌氛围。

百事可乐作为挑战者品牌，于 1898 年推出。在竞争激烈的

市场上，百事可乐通过对立品类的策略，创造了与可口可乐对比鲜明的品牌形象。百事可乐定位为年轻、敢于挑战传统、追求个性和活力的象征。通过"百事一代"（Pepsi Generation）的广告活动，百事可乐成功地打造了更为年轻、时尚、充满活力的品牌形象，吸引了大量年轻消费者。

百事可乐的广告往往采用挑衅的风格，通过直接比较两者口味、定位和品牌态度，试图打破可口可乐的主导地位。例如，"百事挑战"（Pepsi Challenge）活动是其经典的营销战役，直接邀请消费者在盲测中比较百事可乐与可口可乐的口感，借此提升自身的竞争力。

七喜：与可乐系饮料的对立

作为无咖啡因的柠檬汽水，七喜于1929年进入市场，是与可乐系饮料完全不同的产品。七喜不仅在口味上与可口可乐和百事可乐形成对立，还通过品牌定位确立了与两大可乐巨头的区别。七喜的口味清淡，带有柠檬和酸橙的清新感，与可口可乐和百事可乐的浓烈甜味形成鲜明对比，给消费者提供了一种不含咖啡因的清爽选择。

品牌定位：非可乐。为了与两大可乐品牌区分开来，七喜推出了著名的"Uncola"（非可乐）广告活动，直接强调自己不是"传统的可乐"。这一广告通过幽默和颠覆性的语言，向消费者传递了七喜独特的定位，强调其"清新、自然、非可乐"的特点。七喜打破了消费者对可乐饮料的认知框架，吸引了那些想要与众不同的消费者，尤其是那些不喜欢可乐口味或不想摄入咖啡因的人群。

市场细分与消费者定位

可口可乐：通过传递经典、怀旧和团结的品牌价值，吸引了更加年长、家庭导向的消费群体。

百事可乐：通过强调年轻、活力、个性和对传统的挑战，成功吸引了年轻一代消费者，成为可乐市场中的"青春代表"。

七喜：通过定位为"非可乐"饮料，吸引了那些不喜欢可乐、想要避免摄入咖啡因或寻找更清新口感的消费者。七喜成功地通过"反可乐"理念赢得了市场，成为柠檬汽水中的代表性品牌。

结果：多样化的品牌格局

- 通过这些不同的对立品类策略，可口可乐、百事可乐、七喜三者在碳酸饮料市场上各自形成了稳定的品牌定位，并满足了不同消费者的需求。可口可乐在主流和传统市场继续占据领先地位，百事可乐在年轻人中拥有强大的吸引力，七喜则通过差异化定位成功占据了无咖啡因柠檬汽水市场的领先位置。

可口可乐、百事可乐和七喜成功的关键点

- 明确的对立品类策略：可口可乐通过情感营销稳固传统市场，百事可乐通过年轻化与挑战传统形象的策略吸引了年轻消费者，七喜则通过差异化和"反可乐"定位成功开辟了独立市场。
- 精准的目标消费者细分：三大品牌通过不同的品牌定位，各自锁定不同的消费群体，满足了多样化的市场需求。
- 品牌持续创新与互动：三者通过持续的广告创新和消费

者互动，不断强化各自的品牌个性，形成了长期的市场竞争格局。

融合品类：创造全新体验

融合品类是指将两个或多个原本独立的品类创新整合，打造出一个全新的产品或服务类别。融合品类通过将不同品类的特性、功能、理念融合在一起，创造出能够满足消费者多重需求的产品或服务。这种创新不仅突破了传统品类的局限性，还能够吸引跨品类的消费者，带来全新的消费体验。

融合品类的核心逻辑

- 跨界整合：将不同品类的特性、功能、理念结合在一起，创造新产品或新服务。例如，智能手机通过融合电话、相机、音乐播放器等功能，重新定义了移动设备。
- 满足多重需求：融合品类可以满足消费者的多样化需求。例如，植物肉融合植物蛋白和肉类口感，可满足健康与环保需求。
- 吸引跨品类消费者：通过创新体验，吸引原本不属于目标市场的消费者。例如，智能手表融合健康监测和通信功能，可吸引健身爱好者和科技爱好者。

案例1　iPhone：手机 + 相机 + 互联网设备的融合品类

背景

在 iPhone 推出之前，手机、相机和互联网设备是彼此独立的市场。手机主要用于通话和收发短信，相机用于摄影，互联网设备（如电脑）则用于浏览网页、收发电子邮件。市场上没有一款能够真正整合这些功能的设备。

苹果公司察觉到这一市场需求，借助iPhone成功将手机、相机和互联网功能相结合，创造了全新的"智能手机"品类。iPhone不仅满足了通信需求，还颠覆了人们对相机和互联网设备的使用方式，开创了手机与科技产品融合的新标准。

iPhone的融合品类创新

手机+相机+互联网：

手机与相机的融合：iPhone打破了传统手机仅限于通话和收发短信的局限性，内置了高质量摄像头，使得用户不仅能用手机通信，还能轻松拍摄高质量的照片和视频。这一功能迅速使手机取代了便携式数码相机，改变了用户日常拍照的方式。

手机与互联网设备的融合：iPhone将互联网功能与手机相结合，用户可以随时随地用手机浏览网页、收发电子邮件和使用应用程序。这一创新彻底改变了用户获取信息和在线互动的方式。iPhone的Safari浏览器和邮件客户端使得互联网体验首次得以在手机上实现。

多功能平台：

App Store生态系统：iPhone并未仅仅停留在硬件的创新上，苹果公司还通过推出App Store，让全球开发者为iPhone开发各种应用。App Store打破了传统手机软件的局限性，用户可以轻松下载社交、游戏、办公等各类应用，使得手机的功能变得无比丰富。

用户体验的革命：

触摸屏与简洁设计：iPhone 引入了全新的多点触控屏幕，取消了不必要的物理键盘，用触摸屏代替，使操作更加直观。这种简洁的设计与强大的功能相结合，不仅提升了用户体验，还改变了人们对手机的期望标准。

无缝连接的数字生活：iPhone 通过与其他苹果设备（如 Mac、iPad、Apple Watch）的无缝连接，为用户打造了一个完整的数字生态系统。用户可以在不同设备间轻松切换，所有设备的数据同步也得到了简化，提升了整体的数字体验。

融合的结果

- iPhone 的推出不仅颠覆了手机市场，还彻底改变了相机和互联网设备的使用模式。通过将手机、相机和互联网功能完美融合，iPhone 成了第一款真正意义上的智能手机，创造了全新的智能设备品类。苹果通过这一融合品类的创新，不仅赢得了用户的青睐，还重新定义了全球移动科技产业。

苹果成功的关键点

- 功能融合：苹果成功将手机、相机和互联网设备的功能整合在一台设备中，满足了用户对多功能一体化设备的需求，改变了手机和科技产品的市场格局。

- 用户体验的提升：通过触摸屏技术和 App Store，苹果提供了革命性的用户体验，使手机成为工作、娱乐、社交和生活的一体化平台。

- 完整生态系统的创建：苹果通过 iPhone 和其他设备的无缝连接，创造了一个完整的数字生态系统，进一步巩固了品牌的市场领导地位，并增强了用户对品牌的黏性。

案例2　奈雪：茶饮+软欧包的融合品类

背景

在奈雪进入市场之前，茶饮店主要提供奶茶、珍珠奶茶等产品，配餐较为简单，通常以零食或甜点为主。而传统面包店则多注重面包和糕点的生产，但很少将茶饮与面包结合。奈雪通过将高端茶饮与软欧包相结合，打造了一个全新的融合品类，既满足了消费者对高质量茶饮的需求，也提升了消费体验。

奈雪的融合品类创新

高端茶饮+软欧包：

茶饮与烘焙结合：奈雪不仅提供高质量的现泡茶饮，如水果茶、奶盖茶等，还结合健康的软欧包产品。软欧包采用低糖低油的配方，更加健康，与茶饮的清爽口感相辅相成。茶饮与软欧包的组合打破了传统茶饮店单一的产品供应模式，创造了供消费者一站式享受的全新体验。

茶文化与烘焙文化结合：

品茶与用餐的融合体验：奈雪通过打造高品质的茶饮和健康烘焙食品，提供了一个融合中国茶文化与西式烘焙文化的消费场景。茶饮和软欧包的搭配不仅满足了消费者的味觉需求，还提升了整体用餐体验，打造了一个现代化的"茶+餐"文化。

高端定位与时尚环境：

时尚的空间设计：奈雪在店铺设计中融入了现代简约的风格，为消费者提供了一个舒适的品茶环境。它不再是传统的快餐式奶茶店，而是通过营造高端、时尚的氛围，吸引了更多注重品质和体验的年轻消费者。

融合的结果

- 奈雪通过将高端茶饮与软欧包相结合，打造了全新的消费体验。消费者不仅可以在店内享用茶饮，还可以品尝健康的烘焙食品。通过这一融合，奈雪在激烈的茶饮市场脱颖而出，成了高端茶饮的领导品牌之一。

奈雪成功的关键点

- 茶饮与烘焙的创新结合：通过将现泡茶与软欧包相结合，奈雪成功创造了一个新的消费场景，打破了传统茶饮店的单一模式。
- 高端化与体验感：通过时尚的店铺设计和高质量的产品，奈雪成功吸引了注重生活品质的年轻消费者，提升了品牌的市场竞争力。

产品+服务品类创新：提供完整解决方案

产品+服务品类创新是指为产品增加服务，将它变成一整套解决方案，创造出新的消费体验。通过产品+服务品类创新，可以增强品牌的用户黏性和市场竞争力。

产品＋服务品类创新的核心逻辑

- 增强用户体验：通过服务提升产品的使用价值，增强用户黏性。例如，苹果通过 AppleCare＋服务，为用户提供设备维修和技术支持。
- 提供完整解决方案：通过产品与服务的结合，满足消费者的全方位需求。例如，特斯拉通过 OTA 服务，为用户提供持续的软件更新和功能优化。
- 提升品牌竞争力：通过创新服务模式，建立品牌差异化优势。例如，亚马逊通过 Prime 会员服务，提高了用户忠诚度和复购率。

案例1　飞利浦：电动牙刷＋口腔护理 app 服务

背景

随着消费者对健康管理的关注日益增加，口腔护理逐渐从日常基础护理升级为精细化管理。飞利浦作为全球知名的电动牙刷制造商，在提升产品性能的同时，发现传统的电动牙刷虽然能提高刷牙效率，但用户在使用时很难精准掌握刷牙的力度、时间和角度等影响口腔健康的因素。因此，飞利浦决定将电动牙刷与智能服务结合，推出基于电动牙刷的个性化口腔护理 app 服务。

创新

智能连接：飞利浦电动牙刷通过蓝牙与智能手机 app 连接，能够实时监控用户的刷牙行为，如力度、时间、刷牙区域等。

个性化指导：app不仅能为用户提供实时的刷牙反馈，还根据用户的刷牙数据给出个性化的护理建议，如改进刷牙习惯、清洁未清洁区域等。

长期健康管理：app内还包含长期的口腔护理方案，用户可以跟踪自己的进步，接收日常健康提示，同时还能记录自己的口腔健康数据，与牙医共享信息，进行更精准的口腔健康管理。

创新的结果

- 增强了用户黏性：用户不仅使用飞利浦的电动牙刷，还借助其智能服务进行健康管理，这使得用户不仅对产品产生了依赖性，还对品牌的服务建立了接受度。
- 扩大了市场份额：飞利浦通过这一创新成功地在高端电动牙刷市场占据了领先地位，同时吸引了更多追求健康和高效生活方式的用户。

飞利浦成功的关键点

- 科技与健康的深度结合：飞利浦不仅卖出了产品，还提供了一个智能健康管理系统，超越了传统的产品功能。
- 个性化服务提升用户体验：app实时提供个性化反馈，帮助用户持续改进护理习惯，从而提高了产品的价值。
- 数据与服务的长期关联：飞利浦通过口腔健康数据的收集和追踪，为用户提供了持续的健康管理服务，极大地增强了用户黏性。

案例 2　　蔚来：电动汽车 + 专属服务体系

背景

蔚来汽车作为中国电动汽车市场的后起之秀，打破了传统汽车行业仅以车辆销售为主的模式，通过提供全面的服务生态系统，让用户不仅购买了一辆车，还能享受到一系列高端的定制化服务。蔚来的"产品 + 服务"模式深度融合了用户体验和智能化服务，使其迅速在高端电动汽车市场中脱颖而出。

创新

NIO Power 服务：蔚来不仅提供电动汽车，还建立了电池更换站点和充电站，用户可以通过"电池租赁"模式降低购车成本，并享受快速的电池更换服务，减少充电等待时间。

NIO Life 社区与服务：蔚来为车主提供专属的会员服务和社区体验，涵盖生活方式、健康管理、旅游服务等内容，用户可以通过蔚来 App 参与社区活动，享受优质生活。

NIO House 体验中心：蔚来在多个城市设立了 NIO House，集汽车展示、咖啡厅、图书馆、社交空间为一体，为车主提供了一个可持续的社交、工作与休闲的场所。

创新的结果

- 用户忠诚度显著提升：蔚来的"产品 + 服务"模式不仅优化了用户的使用体验，还借助电池更换、会员服务和线下体验中心等服务提高了用户对品牌的忠诚度。
- 提升了品牌价值：通过构建全方位的服务生态，蔚来成功地将电动汽车的价值提升至生活方式领域，吸引了更多高端用户和追求品质生活的消费群体。

蔚来成功的关键点

- 电池服务与汽车功能的深度结合：蔚来通过创新的电池更换和租赁模式，解决了电动汽车充电难的问题，优化了用户体验。
- 生活方式与社区服务的融合：蔚来不仅提供汽车产品，还以丰富的社区活动和线下服务打造了一个用户黏性极强的品牌服务生态。
- 长期的用户服务体系：NIO Life 和 NIO Power 等服务生态，让车主在购车后享受持续的高端服务，形成了长期品牌依赖。

案例 3　Curves Japan 健身房：针对 50 岁以上中老年人群的健身房 + 健康管理服务

背景

Curves Japan 是一家专注于 50 岁以上中老年女性的健身房连锁品牌。随着日本社会老龄化的加剧，越来越多的中老年人开始重视健康和身体锻炼。然而，许多传统健身房的器材和训练方法并不适合这一年龄段的人群。Curves Japan 针对中老年女性群体开发了一套量身定制的健身与健康管理服务，以"产品+服务"模式为她们提供安全、有效的锻炼体验。

创新

专为中老年设计的训练设备：Curves Japan 的健身房配备

了适合中老年女性的低强度、简易操作的健身设备，这些设备的设计专注于增强体力、改善平衡感和灵活性，有助于中老年人安全地进行锻炼。

个性化健康管理：每位会员在入会时都会接受健康评估，Curves Japan 提供个性化的健康管理方案，包括营养建议、运动计划和每月的进度跟踪，帮助会员达到理想的健康状态。

社交支持与情感关怀：Curves Japan 强调社区氛围，定期组织会员活动和社交活动，鼓励会员彼此交流并形成互相支持的社区。通过这些活动，Curves 提供的不仅是身体上的健康支持，还有情感和心理上的关怀。

创新的结果

- 高用户满意度与高黏性：Curves Japan 的客户群体对个性化的服务和安全的健身环境极为满意，长期会员的留存率非常高。
- 填补市场空白：通过提供针对中老年女性的健身解决方案，Curves Japan 成功占领了这一细分市场，成为日本健身行业中老年女性健身市场的领军品牌。

Curves Japan 成功的关键点

- 专注于中老年群体的健身解决方案：Curves Japan 针对中老年女性开发了低强度、定制化的健身设备和健康管理方案，满足了这一特定人群的需求。
- 健康管理与社交支持的结合：通过个性化的健康管理方案和强大的社区支持，Curves Japan 提升了用户的参与感和黏性，形成了独特的竞争优势。
- 专注细分市场：Curves Japan 专注于中老年女性这一细分市场，凭借差异化的产品和服务，在竞争激烈的健身市场中建立了强大的品牌优势。

品类创新之后别忘了做这几件事

品类创新只是品牌破局的第一步，真正的成功在于后续的系统化运营和持续优化。以下是品类创新后必须做的几件事。

建立品类认知：让消费者从零到一接受新品类

品类创新后，消费者对新品类的认知几乎为零。企业需要通过系统的营销和宣传，帮助消费者理解新品类的独特价值和使用场景，同时突出它比传统品类更优越之处。

具体方法

- 社交媒体传播：通过短视频、图文内容等形式，直观展示新品类的使用场景和核心价值。例如，三顿半通过短视频展示"超速溶咖啡"在户外、办公室等场景的便捷性。
- KOL 推荐：借助行业专家或网红的影响力，快速建立品类认知。例如，完美日记凭借美妆博主的种草视频，迅速打开了市场。
- 线下体验活动：凭借快闪店、体验馆等形式，让消费者亲身体验新品类的独特价值。例如，特斯拉凭借线下试驾活动，让消费者感受电动汽车的驾驶体验。

关键点
- 场景化教育：凭借具体的使用场景，帮助消费者理解新品类的价值。
- 对比优势：突出新品类与传统品类的差异和优势，强化消费者的认知。

持续优化产品：构建竞争壁垒

品类创新后，企业需要凭借用户反馈和数据分析，不断优化产品，在核心价值上持续提升迭代，构建竞争壁垒。

具体方法
- 用户反馈收集：通过问卷调查、用户访谈等方式，了解用户的真实需求和痛点。
- 数据分析：凭借销售数据、用户行为数据等，发现产品的改进空间。
- 技术升级：将人工智能、物联网等新技术融入产品，提升产品的竞争力。例如，戴森通过不断升级数码马达技术，保持产品的领先地位。

关键点
- 快速迭代：根据市场反馈，快速调整产品功能和设计。
- 技术壁垒：通过技术创新，防止竞争对手模仿或超越。

拓展相邻品类或开发子品类：扩大市场占有率

在核心品类站稳脚跟后，企业可以考虑拓展到相邻品类或开发子品类，进一步扩大市场占有率。

具体方法

- 品类延伸：基于核心品类的成功经验，推出相关产品。例如，三顿半在"超速溶咖啡"成功后，推出咖啡豆和咖啡器具，形成产品矩阵。
- 子品类开发：在核心品类的基础上，开发更具有针对性的子品类。例如，奶糖派在"大杯女性内衣"成功后，推出了运动内衣和睡衣等子品类。

关键点

- 品牌一致性：确保相邻品类与核心品类的品牌定位和价值观一致。
- 市场需求：基于消费者需求，选择有潜力的相邻品类进行拓展。

构建品牌生态：增强用户黏性

通过产品+服务、会员体系等方式，构建品牌生态，提高用户黏性和市场竞争力。

具体方法

- 产品+服务：为产品增加增值服务，提升用户体验。例如，苹果凭借AppleCare+服务，为用户提供设备维修和技术支持。
- 会员体系：凭借会员积分、专属优惠等方式，提高用户忠诚度。例如，星巴克凭借会员体系，提升用户的复购率。

关键点

- 用户体验:通过服务提升产品的使用价值,提高用户黏性。
- 品牌忠诚度:凭借会员体系和增值服务,建立长期的用户关系。

情绪爆品
从0到1实战手册

第三篇
情绪爆品的语言系统

Chapter 5　语言策略：用语言打动用户

Chapter 6　卖点系统：让理性与感性完美结合

Chapter 7　品牌三语：命名、广告语与品牌故事的艺术

Chapter 5 语言策略：用语言打动用户

销售逻辑：真正说服用户的秘密

为什么有些很精准的用户看到你的产品却不买？根本原因是你的销售逻辑不通畅，你的产品和用户需求之间没有形成一种符合认知、符合常理、让用户听上去是这么回事的关系。我们发现很多宣传物料上堆满了专业名词，这对不了解行业的用户非常不友好。无论品牌的用户是高端用户、专业型用户还是小众领域用户，品牌都应该用逻辑通畅、通俗易懂的语言和概念去营销，这样才能快速转化用户。

什么是销售逻辑？

销售逻辑是指通过清晰、连贯的叙述，将产品的核心价值与用户的需求无缝连接，让用户在听完后自然而然地得出结论："这就是我需要的！"销售逻辑的核心在于以下几点。

- 用户思维：使用用户熟悉的语言和概念，降低理解成本。
- 逻辑通畅：逻辑链条要环环相扣，让用户觉得"顺理成章"。

- 激发欲望：通过层层递进的叙述，刺激用户的购买欲望。

简单地说，就是我们需要找到一个概念、一个思路、一个角度或者一套标准，让产品在用户的大脑中成为第一或唯一的解决方案，让用户跟着你的逻辑走，连贯性要强，一环套一环，最终的结论就是你帮他一步步解开了心结，刺激了他的购买欲望，让他想要付款。如果产品没有销售逻辑，或者逻辑不通畅，用户需要自己去思考"为什么要买"，成交率就会大幅下降。销售逻辑越是顺畅、丝滑，成交速度就越快。

塑造销售逻辑的关键在于以用户为中心，深入洞察他们的痛点、需求和期望，通过市场调研和用户反馈，全面了解目标群体的真实诉求。销售逻辑需要提炼出一个强有力的核心卖点，将其与用户的情感和实际需求紧密结合，使产品在感性和理性层面都能打动用户。同时，逻辑呈现需清晰简洁，避免使用复杂术语或冗长解释，让用户能够快速理解并认同。此外，差异化是塑造独特销售逻辑的重要手段，通过传递独创性和竞争对手无法复制的独特优势，避免依赖行业通用的"公共认知资源"，让产品展现出不可替代性。为了进一步增强影响力，可以通过讲述产品如何解决问题、满足需求的故事，将抽象的逻辑具体化，与用户建立情感共鸣，提升品牌忠诚度和购买意愿。最后，销售逻辑应基于真实的产品优势和用户反馈，确保真实可信，同时根据市场反馈不断优化调整，以实现更高的销售转化率。

我们要把复杂的东西说简单，把简单的东西说精彩。比如，集成吊顶产品的特点是不沾灰，它有很多复杂的技术，解释起来会很困难，我们可以找一个简单的概念进行类比，如荷叶原理：荷叶上不沾水珠。我们常见的一些概念都可以拿来使用。

比如，我们给一个草本养发馆做策划，客户找到我们说他们最大的优势就是拥有养发药水的配方，我们调研发现养发这件事的核心不在头发，而在头皮，那我们如何去养好头皮呢？在说明这个问题之前，我们得先讲清楚头皮有什么问题，为什么会导致各种头发问题。我们就这样一步一步抽丝剥茧地找到了问题的根本：菌群平衡、代谢平衡、水油平衡被打破，头皮环境被打破，才导致了头发的问题。这是一个很复杂的问题，我们能否用一个大家都熟知的概念让普通用户都能理解呢？于是我们借鉴"肠道微生态"这个大家熟知的概念，创造了"头皮微生态"这个概念。我们调查发现这个概念大家都能理解，但是却没有一个同行在宣传。这是一个很好的品牌营销切入点。未来这个品牌在营销方面完全可以围绕这个点去发力，抢占用户心智。如图5-1所示，在引发用户需求、刺激用户需求的环节，我们策划了健康头发的六大标准。在解决需求的环节，我们让品牌方的店员在销售的时候传递出"平衡头皮微生态，从源头赋活秀发生命力"这样一个销售逻辑，让用户对品牌形成第一层的信任感。销售逻辑提出来之后，需要有支撑点，这样才能完全打消用户的疑虑。紧接着我们又提出了"五行沐发""头皮微生态""道地草本""原液臻萃""循经通络""透皮渗透""激活毛囊""四季管理"这些卖点，每个卖点下面又有

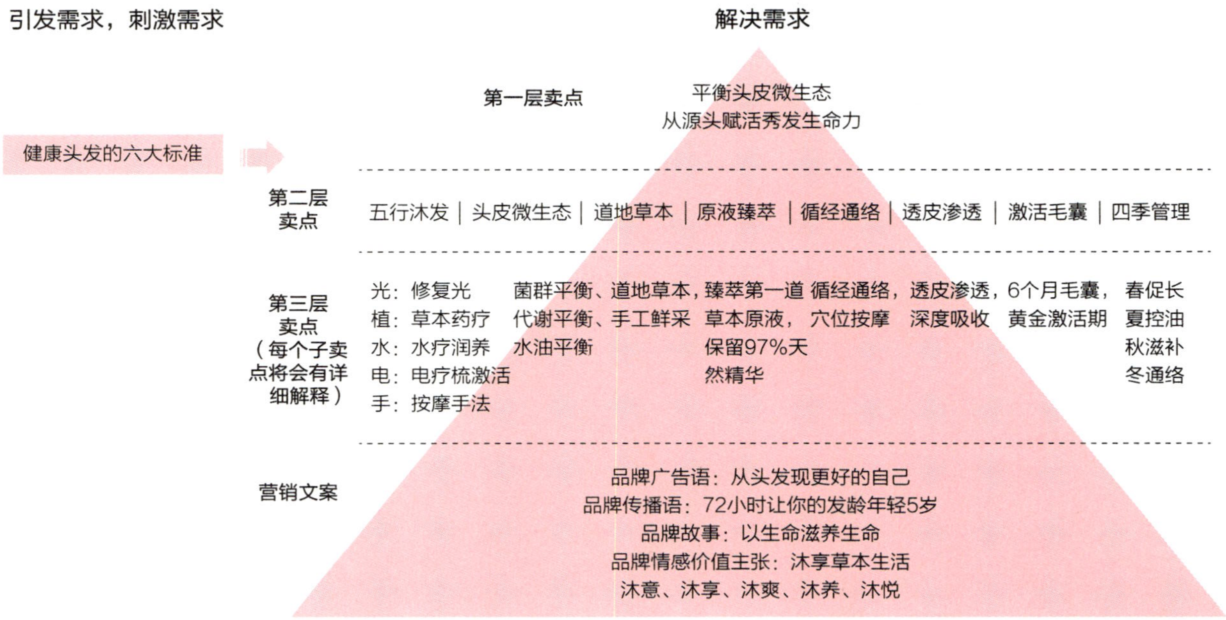

第三篇 情绪爆品的语言系统

引发需求，刺激需求

健康头发的六大标准

解决需求

平衡头皮微生态
从源头赋活秀发生命力

第一层卖点：五行沐发｜头皮微生态｜道地草本｜原液臻萃｜手工鲜采｜循经通道｜透皮渗透｜激活毛囊｜四季管理

第二层卖点：
光：修复光 —— 菌群平衡
植：草本药疗 —— 代谢平衡
水：水疗润养 —— 水油平衡
电：电疗梳激活
手：按摩手法

第三层卖点（每个子卖点将会有详细解释）：
道地草本，臻萃第一道
循经通道，穴位按摩
草本原液，深度吸收
透皮渗透，保留97%天然精华
激活毛囊，6个月毛囊黄金激活期
春促长 夏控油 秋滋补 冬通络

营销文案：
品牌广告语：从头发现更好的自己
品牌传播语：72小时让你的发龄年轻5岁
品牌故事：以生命滋养生命
品牌情感价值主张：沐享草本生活
沐悠、沐享、沐暖、沐养、沐悦

图 5-1

131

子卖点。一个品牌的策划一定要逻辑清晰、层次分明，这样说服力才更强。

需求刺激：激发用户的购买欲望

需求刺激的目的是让那些没有需求的用户产生需求。通过引导用户认识到他们的需求，从而激发他们的购买欲望。许多用户在接触某种产品或服务之前，并没有意识到自己存在需求。通过有效的需求刺激，可以唤醒这种"潜在需求"。当用户感受到某产品或服务能够满足他们的需求或解决他们的问题时，他们就会对该产品或服务产生更强的兴趣，从而促成购买决策。有效的需求刺激不仅能提高单一产品或服务的销售，还可以创造新的市场需求，帮助企业占领更多市场份额。

根据产品的复杂性和用户的理解水平，需求刺激可以分为两种不同的方式。

大众产品的需求刺激：这类产品通常比较容易理解，刺激方式以吸引注意力为主。例如，苹果的 iPod 通过强调"可以装下 1000 首歌"来刺激用户的需求，使他们产生拥有该产品的渴望。

专业性强、复杂产品的需求刺激：对于较难理解的产品或服务，需求刺激应侧重于痛点的挖掘。这类刺激方式通过强调没有该产品或服务所带来的负面影响，让用户意识到需求。例如，FDA 认证服务可以从合规性、避免法律风险等痛点着手，让用户意识到使用这些服务的重要性。

品牌不仅要从理性上刺激需求，还能从感性上让用户认同产品。比如，可以通过情感共鸣的方式与用户建立情感连接。此外，利用紧急性和稀缺性，如限时优惠、折扣或限量促销，能够有效地制造紧迫感，促使用户快速决策。

需要注意的是，过度刺激，如夸大宣传或虚假宣传，不仅可能引发用户的反感，还会损害用户对品牌的信任。同样，忽略用户现状或需求的刺激方式，可能让目标受众感到困惑或失去兴趣。因此，设计需求刺激方案时必须与用户的实际需求相契合。

Chapter 6
卖点系统：让理性与感性完美结合

卖点系统是销售逻辑的支撑点，是将一系列精心设计的、相互关联的产品或服务特性、功能和优势，系统性地展现给用户，以吸引目标用户并促成购买行为的整体营销策略。卖点系统不是强调单一的产品特性，而是围绕用户需求、痛点和期望，系统性地传递产品的多重优势，以增强市场竞争力和用户的购买欲望。它包含理性卖点和感性卖点两大部分（见图6-1），我们可以在每个点上提炼营销概念，这里面会将已有的卖点包装好。另外，还要根据品牌战略和用户认知去构建，去塑造，甚至可以结合国家战略去提前布局"未来的卖点"。

13种理性卖点的打造秘籍

独特理念原理

独特理念原理是产品或品牌秉持的核心价值观或创新理念，是塑造品牌差异化的重要基础。这一理念不仅仅停留在口号的层面，更需要经过深度挖掘与精心包装，将其转化为一个品牌

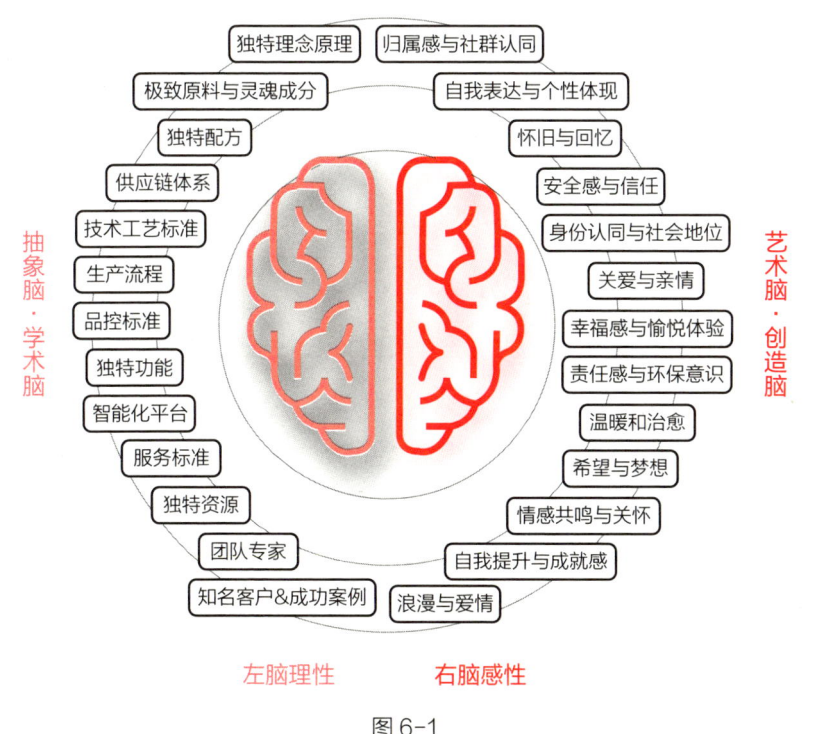

独创的、具有高度识别性的概念，形成品牌的独有卖点。

图 6-1

左脑理性　　右脑感性

抽象脑·学术脑：独特理念原理、极致原料与灵魂成分、独特配方、供应链体系、技术工艺标准、生产流程、品控标准、独特功能、智能化平台、服务标准、独特资源、团队专家、知名客户&成功案例

艺术脑·创造脑：归属感与社群认同、自我表达与个性体现、怀旧与回忆、安全感与信任、身份认同与社会地位、关爱与亲情、幸福感与愉悦体验、责任感与环保意识、温暖和治愈、希望与梦想、情感共鸣与关怀、自我提升与成就感、浪漫与爱情

挖掘独特理念的第一步是找到品牌与产品的本质特性，以及它们在市场中的独特性。接着，通过提炼和升华，将这一理念转化为一种全新的表达方式，使之成为品牌独有的价值主张。例如，一个环保品牌不仅可以强调可再生材料和低碳生产，更可以进一步打造"零痕迹生活"的理念，向消费者传递一种"为地球减负"的情感共鸣和行动号召。这一概念通过重新定义环保生活方式，不仅展示了品牌的创新性，还创造了一种市场认知的"新标准"，让竞争者难以模仿。

独特理念的包装需要充分利用故事化表达和符号化设计，让用户不仅能理解这一理念的理性逻辑，还能感受到其中的情感价值。例如通过品牌故事传递该理念的来源、意义和实际应用场景，同时借助视觉、口号和文化符号强化理念的传播效果。最终，这种理念不只是产品的一部分，更能成为用户对品牌的核心记忆点，从而提升品牌价值并牢牢占据用户心智。

极致原料与灵魂成分

极致原料与灵魂成分是产品的核心特质，也是品牌向市场传递品质感和专业性的关键所在。这一原料或成分通常具备独特性、稀缺性或显著功效，直接影响产品的性能和用户体验，同时为品牌提供了鲜明的差异化优势。

要充分发挥极致原料的潜力，首先需要深度挖掘其背后的故事和独特价值。例如，某护肤品牌采用一种生长于海拔4000米以上的稀有植物作为核心原料，这不仅凸显了其产品的高端属性，还传递了"自然、纯净"的品牌理念。然而，仅仅有稀缺性或高品质还不足够，这种成分需要被包装成"灵魂成分"，成为品牌专属的标志。

在打造灵魂成分时，可以赋予其一个独特的名称或概念化的属性，使其具备更强的传播力。例如，将普通的植物提取物命名为"生命复苏精粹"或"极光能量因子"，通过独特的命名强化其差异化属性。同时，借助科学背书和可视化的功效展示，让用户不仅感受到产品的稀缺性，还能理解成分的实际作用，从而增强信任感。

此外，可通过故事化叙述进一步丰富原料的形象。例如，讲述原料的来源、采摘过程、科学提纯技术等细节，将其塑造成产品背后的"灵魂"。这种基于稀缺资源与专业技术的品牌表达，能够有效赋予产品高价值感，同时形成独特的市场定位，更精准地吸引目标用户。

独特配方

独特配方是指产品各项原料之间的独特配比，通过科学的设计和精准的调配，形成产品的核心竞争力。它不仅是产品功能的基础，更是品牌差异化的关键所在。独特配方能够为用户提供与众不同的使用体验，同时为品牌建立技术壁垒，防止竞争对手模仿。例如，某护肤品牌通过独特的"黄金比例"配方，使多种活性成分有机结合，实现最佳的护肤效果；某保健品牌通过"多维营养矩阵"配方，将多种维生素和矿物质科学搭配，满足用户的全面健康需求。

要打造独特配方，首先需要深度研发，通过实验室研究和临床试验，验证配方的科学性和有效性。例如，某护肤品牌通过长达 5 年的研发，推出"抗衰老复合配方"，成为市场的技术标杆。其次，通过故事化表达，增强用户的信任感。例如，某保健品牌通过讲述"古法配方与现代科技结合"的故事，传递产品的独特价值。最后，通过可视化展示，直观呈现配方的功效。例如，某饮料品牌通过"口感曲线图"，展示其独特配方的酸甜平衡效果。

独特配方不仅是产品的技术核心，更是品牌与消费者建立关联的重要桥梁。通过科学配比、功能协同和差异化体验，品牌可以在市场中建立长期的竞争优势，成为用户心中的首选。

供应链体系（种植养殖生态）

在供应链体系中进行概念化命名是强化品牌差异、提升用户认知的重要手段。通过为供应链体系赋予一个独特且直观的名称，可以让用户对其价值有更清晰的感知，增加品牌在市场中的记忆点。

例如，渔业品牌可以将其供应链体系命名为"全鲜链"，不仅突出了从源头到餐桌全程保持鱼类鲜度的核心优势，还通过简单直观的词汇，让用户快速理解其产品的独特价值。"全鲜链"这个命名强调了供应链的完整性和鲜度保障，同时赋予了品牌更高的专业性和可信度。

供应链体系命名的关键要点：

核心价值明确：命名应直接传递供应链的核心优势。例如，"全鲜链"中的"鲜"明确指向产品的新鲜度，这恰好是消费者最关心的点。

简洁且易记：名字要短小精悍，读起来朗朗上口，方便传播。如"全鲜链"简单直白，让人一看就能理解。

强化独特性：命名要避免泛泛而谈，应该突出品牌或供应链的独有特色。如果是茶叶品牌，则可以命名为"茶源链"，强化从源头到茶杯的品质保障。

融入故事化表达：围绕这个命名，可以设计相关的故事或传播主题。例如，"全鲜链"可以延伸为"从活水到餐桌，鱼鲜一步到位"的品牌叙述，使供应链体系的价值形象化。

通过概念化命名，供应链体系不仅能成为品牌的隐形竞争力，还能变成用户感知和认可的显性卖点，进一步增强品牌的市场吸引力和差异化优势。

技术工艺标准

技术工艺标准是品牌在生产和制造过程中展现专业性和先进性的关键，也是确保产品性能和使用体验的重要保障。通过引入领先的技术和高标准工艺，企业能够在竞争中脱颖而出。

要让技术工艺标准更具吸引力和传播力，赋予其概念化命名是关键步骤。例如，将一套生产流程命名为"7S 工艺体系"，不仅让工艺标准变得具体且易于记忆，还能传递出专业性和高端感。"7S"可以代表七个核心工艺流程，每个步骤都承诺某一关键指标，从而强化用户对品牌的信任感。

技术工艺命名的关键要点：

突出专业性与独特性：命名要直观地传递技术的核心价值或品牌的独有特色。例如，某化妆品品牌将其冷萃提取工艺命名为"冰晶锁鲜技术"，直击用户对"新鲜"和"有效"的需求。

简洁易记：名称应简单易懂，避免过于复杂的技术术语。例如，某食品品牌将其超高温杀菌工艺命名为"无菌锁鲜工艺"，让用户一目了然。

融入数字、字母或符号：数字、字母组合或独特的符号能够增加命名的科技感和传播力。例如，"7S 工艺体系"中的数字和字母不仅简洁，还隐含专业背书，让人印象深刻。

生产流程

生产流程是产品从原材料处理到最终包装的整个过程，直接影响产品的一致性、质量和成本控制。一个高效、透明的生产流程，不仅能够确保大规模生产中品质的稳定性，还可以成为品牌展示专业性和可靠性的核心卖点。

为了让生产流程更具吸引力，可以通过概念化命名来强化差异化。例如，乐百氏将生产过程中的多重净化处理命名为"27层净化工艺"，不仅传递出生产流程的复杂性和严谨性，还让用户对产品的高质量有了更直观的认知和信任。

生产流程命名的关键要点：

突出流程特点：命名应直观体现流程中的核心价值或关键环节。例如，"27层净化工艺"突出了多重净化步骤，强调纯净与高品质。

数字赋能：通过引入数字（如层数、阶段数）让流程的复杂度具象化，同时增加科技感和记忆点，如"三步成型工艺"或"九级灭菌体系"。

强调透明与专业：通过命名让用户感受到流程的透明和严谨，如"全程可视化生产"或"标准化智控流程"。

品控标准

品控标准是保障产品质量的核心，也是建立品牌信任的关键环节。通过包括原料检验、生产监控和成品检验在内的全流程严格管控，企业可以有效避免产品缺陷，确保每一件产品都达到高标准，从而提升用户满意度和品牌美誉度。

为了让品控标准更具吸引力和传播力，可以通过概念化命名将其打造为独特的卖点。例如，一个食品品牌将其全程质量控制体系命名为"360度全域品控"，强调从源头到终端的全方位监控，不留任何质量盲点，让用户对产品的安全性和可靠性充满信心。

品控标准命名的关键要点：

突出全面性和严谨性：名称需强调品控的覆盖范围和严格程度。例如，"360度全域品控"突出无死角的质量管理。

传递核心价值：命名要让用户一目了然，感受到产品的高标准和品牌的责任心。例如，"三重检测工序"或"无缺陷出品"。

融合科技感：通过技术化的语言表达，增加专业性和信赖感。例如，"智控品鉴体系"或"全程智控品控"。

赋予可信背书：结合命名，辅以检测环节或标准认证的故事化展示，提高用户对体系的认可度。

独特功能

独特功能是产品在竞争中脱颖而出的核心优势。它指的是使用产品能获得的特殊效果或显著功效，特别是那些能够直接解决用户痛点或满足用户核心需求的特点。明确而具体的功能主张不仅能够吸引用户的注意，还能增强品牌的专业性和可信度。

为了让独特功能更具吸引力，企业可以对其功能点进行概念化命名，赋予品牌独创的价值表达。例如，某健康食品品牌将"促进新陈代谢"的功效命名为"活力代谢因子"，让用户在记忆功能时与品牌产生联想，并突出产品的专业性和差异化。

独特功能命名的关键要点：

明确解决用户的痛点：功能命名应直接针对目标用户的核心需求。例如，"增强免疫力"可以命名为"健康守护屏障"，将功能与用户的关注点挂钩。

融入专业感和独特性：通过技术化或科学化的语言，让功能更加可信。例如，"抗氧化成分"可以包装为"青春锁因子"。

简洁直观，便于传播：名称应简单易懂，避免使用过于晦涩的术语。例如，"舒缓睡眠调节"可命名为"深眠助力因子"。

结合消费者场景：功能命名应能帮助用户快速联想到实际的使用效果和场景。例如，"防脱发"可命名为"发根强韧盾"。

智能化平台

智能化平台是通过互联网或人工智能技术，为用户提供更加智能、便捷和个性化的使用体验的一种核心解决方案。它整合了数据分析、个性化推荐、自动化操作等功能，让产品或服务不仅满足用户需求，还能主动优化用户体验。例如，智能家居品牌通过语音控制和app操作，让用户可以随时随地管理家电设备，大幅提升了生活的便利性。

要让智能化平台成为品牌的差异化卖点，可以通过概念化命名将其独特价值直观地呈现出来。例如，某品牌将其智能平台命名为"智控云",突出平台的智能性和多场景适配能力,帮助用户快速理解其功能与优势。

智能化平台命名的关键要点:

体现智能与技术感:命名要能够突出平台的高科技属性。例如,"智控云"即可表达智能控制和云技术的结合。

强化功能和用户体验:通过命名直接点明平台能为用户带来的核心价值,例如,"一键生活"可以传递便捷化的生活体验。

简洁易记:名称应简短直观,便于传播和记忆,如"云家助手"。

与品牌定位契合:命名需与品牌整体风格和定位一致。例如,高端品牌可选择更具未来感或科技感的名称,如"未来智核"。

服务标准

服务标准是企业在服务过程中遵循的一套原则和规范,旨在确保服务的一致性、专业性和高质量。这不仅是用户体验的核心保障,也是品牌塑造专业形象和赢得市场口碑的重要手段。高标准的服务能够有效提升用户满意度,并进一步转化为品牌忠诚度和良好口碑。

为了让服务标准更具传播力,可以通过概念化命名强化其独特性和专业性。例如,一个高端酒店品牌将其服务标准命名为"超越体验服务体系",强调服务不仅满足客户需求,更主动带来惊喜,让客户感受到品牌的用心和独特魅力。

服务标准命名的关键要点：

传递服务理念：命名需直观体现品牌服务的核心理念，如"贴心""专业"或"个性化"。比如，"360度贴心关怀"强调服务的全面性。

突出高质量与规范性：服务标准应体现品牌的高要求和执行力。比如，"臻享七星守则"突显高端与规范化的服务体验。

营造情感连接：通过命名传递温暖或惊喜，让用户与品牌建立情感共鸣。比如，"暖心时刻服务"让用户感受到品牌的贴心与关怀。

简洁易记：名称要便于传播和记忆，从而增强品牌辨识度。

独特资源

独特资源是品牌在生产、营销或服务过程中拥有的差异化优势，是企业难以被竞争者复制的核心竞争力。这些资源可能是稀缺的原材料、独家的技术专利、强大的合作伙伴网络，甚至是品牌的历史传承或文化积淀。通过挖掘并巧妙包装独特资源，企业可以构建强大的品牌壁垒，强化市场地位。

为了让独特资源更具辨识度和吸引力，可以通过概念化命名将其转化为品牌专属的价值标签。例如，某奢侈品品牌将其独家手工艺命名为"匠心传承体系"，不仅突出了手工艺的稀缺性，还赋予其文化传承的深厚意义，强化了品牌的高端形象。

独特资源命名的关键要点：

强调资源稀缺性：命名要直接传递资源的独特性和不可替代性。比如，"珍稀原源"突出稀缺原材料的高价值。

传递专业性与专属性：名称应展现资源的专业性，并与品牌绑定。比如，"智核专利链"突出独家技术的领先性。

营造文化深度：通过赋予资源文化内涵，提升品牌的情感价值。比如，"匠心传承体系"让资源与文化传承深度结合。

结合品牌故事：联动品牌背景和价值主张。比如，"传奇工坊"将稀有资源与品牌的匠心精神相结合。

团队专家

团队专家是指企业内部的专家团队与外部合作专家，这些专家能够为产品研发、技术支持、市场推广等提供专业指导。

团队专家的包装不仅需要命名团队整体，突出其专业性和权威性，还要对每位专家进行个性化的展示，通过挖掘其成功案例、履历背景等亮点，强化个人品牌与企业品牌的关联，提升品牌的可信度与吸引力。

团队整体命名

团队整体命名应概括团队的专业性和品牌调性，同时易于传播。通过一个直观、权威且与行业相关的名字，让用户快速理解团队的价值。

- "全球营养智囊团"：适合营养健康类品牌，突出国际权威性。
- "智研先锋团队"：适用于科技研发领域，体现技术与创新。
- "健康守护联盟"：适合医疗健康行业，传递信任感。
- "臻品智造顾问团"：用于高端品牌，强调精益求精的团队协作。

专家单独包装

要包装好专家,让用户信任,可以从权威背景、成功案例、品牌关联和形象塑造四个方面入手。首先,通过展示专家的学历、资历和荣誉,突出专业性,如"××博士,毕业于哈佛大学,是行业内顶尖的专家",瞬间提升可信度。其次,用具体的成功案例证明实力,如"××专家带领团队研发××产品,帮助数十万人改善健康状况",用事实说话更有说服力。然后,把专家的成果和品牌挂钩,如"××专家亲自参与核心产品研发,确保每一步都经过科学验证",直接让品牌的专业性倍增。最后,借助专业证件、荣誉展示和媒体报道强化权威感,同时加入设计细节来提高亲和力。这样的包装让专家成为品牌品质的象征,一看就让人放心。

知名客户 & 成功案例

知名客户和成功案例的展示,能够为企业带来可信度和行业影响力。通过与行业巨头或知名品牌的合作,企业可以快速建立市场信任,增强品牌的专业性和权威性。例如,某科技公司展示其与世界 500 强企业的合作案例,进一步增强了品牌的公信力;某设计公司展示其为某国际奢侈品牌设计的旗舰店案例,吸引了更多高端客户。

要有效展示知名客户与成功案例,首先需要选择代表性案例,优先展示与行业巨头或知名品牌的合作,突出品牌的专业性和影响力。其次,通过故事化表达,讲述合作过程中的挑战、解决方案和最终成果，增强案例的吸引力和说服力。例如，某广告公司通过讲述其为某知名品牌策划的营销活动，以及如何帮助客户实现销售额翻倍，增强了案例的感染力。此外，具体的数据和成果也能直观展示品牌的价值。例如，某物流公司通过展示其为某电商平台提供的配送服务如何将配送时间缩短30%，增强了案例的可信度。最后，通过多渠道传播，在官网、社交媒体、行业展会等多个渠道展示成功案例，扩大品牌的影响力。

通过展示知名客户与成功案例，企业不仅能够提升品牌公信力和行业影响力，还能为潜在客户提供具体的参考价值，增强品牌的吸引力和竞争力。

13 种感性卖点的激发技巧

归属感与社群认同

归属感与社群认同是品牌借助文化、价值观和情感连接，将用户与品牌紧密联系在一起的关键情感卖点。通过营造归属感，品牌不仅能增加用户的忠诚度，还能让他们主动成为品牌的宣传者。用户在购买产品时，感受到的不仅是商品本身的价值，更是参与某种文化或理念的自我认同。归属感与社群认同的打造，不是通过直接的概念化表达，关键在于文化、情感和场景化体验，让用户从内心深处感知到自己是品牌社群的一部分。

- 明确的品牌价值观：品牌可以将所倡导的核心价值观（如进取、自由、环保等）通过文案、视觉设计等方式反复传递，形成品牌专属的文化标签。比如，耐克通过"Just Do It"的品牌口号，将运动精神转化为每个人都能参与的信念。用户穿上耐克，不仅是购买了一件运动服饰，更是在表达对"突破自我"的生活态度的认同。
- 创建专属社群：品牌可以通过线上社群（微信群、app）或线下活动（粉丝聚会、用户俱乐部）为用户提供互动的平台，强化用户之间以及用户与品牌之间的情感连接。比如，哈雷摩托通过哈雷车主俱乐部，让车主形成了强大的社群文化。这不仅是骑行爱好者的集合，更是一种生活方式的归属。
- 品牌故事：品牌可以通过品牌故事讲述品牌的核心价值观和文化背景，帮助用户建立归属感。例如，迪士尼通过讲述创始人沃尔特·迪士尼的梦想和品牌背后的魔幻理念，打造了一个充满奇迹和幻想的品牌形象。迪士尼不仅是一家娱乐公司，更是一个能带给人们童真、梦想和快乐的地方。用户在这个故事中看到的不仅是电影和乐园，还是自己对快乐、希望和梦想的追求，这种情感共鸣使品牌更加深入人心，激发了强烈的归属感。
- 氛围设计：在门店、活动现场或线上互动中，设计具有沉浸感的体验场景，如主题式空间、品牌文化墙或用户体验分享专区，强化用户的参与感和归属感。比如，乐高的门店设计了互动的"拼砌专区"，用户可以在这里自由体验拼搭乐高积木的乐趣。此外，乐高还经常举办创意拼搭比赛和社区活动，邀请用户展示他们的作品并分享自己的创造过程。这种互动不仅加强了参与感，还让用户感受到他们是乐高社区的一部分，提升了品牌的情感连接。

- 赋予用户身份感：借助限量产品、会员徽章、品牌活动专属权益等形式，强化用户的"社群身份感"，让他们感受到参与品牌活动是一种荣誉。比如，Supreme 通过推出限量版商品和与知名品牌的联名合作，成功营造了一种独特的品牌文化。用户通过购买这些限量商品，不仅获得了独特的商品，还获得了一种身份象征，彰显了他们对品牌的忠诚以及与其他粉丝的共鸣。这种"稀缺性"和"专属感"使得用户愿意为此付出高价，并将自己视为"Supreme 社群"的一员。

自我表达与个性体现

自我表达与个性体现是通过品牌或产品赋予用户展现个人特质的机会，让他们在使用产品时感受到自己与众不同。这种情感卖点能够满足用户的内在需求，使购买行为不仅仅出于对功能的追求，更是一种身份的彰显和生活态度的宣扬。不仅要通过产品和服务本身满足用户的个性化需求，还要通过品牌文化和场景设计让用户在使用产品时感受到自己的独特价值。

- 赋予产品独特性：通过独特的产品设计和差异化功能，增强产品的个性化属性。比如，苹果通过简约的设计、创新的功能和极致的用户体验，传递了追求创新和个性化的品牌文化。用户购买iPhone或Mac，不只是选择了一款科技产品，更是在表达对简约、时尚和前瞻性的生活态度的认同。

- 打造品牌文化：通过品牌文化传递"做自己"的理念，耐克的定制鞋服务"NIKE BY YOU"允许用户根据个人喜好选择配色、材质和标志，打造独一无二的鞋款。

- 利用广告和传播：品牌可以在广告传播中突出"个性化表达"。例如，宜家的广告鼓励用户通过布置家居展现自我风格，传递"家是你的专属空间"的理念。

- 创造参与感：通过互动活动、定制服务或个性化包装设计，让用户直接参与品牌表达。例如，可口可乐通过"昵称瓶"活动，让用户在瓶身上印上自己的名字或专属称呼。这不仅让用户感到特别，还激发了他们在社交媒体上分享的欲望。

- 传递个性化场景：品牌可以展示不同场景中用户如何通过产品展现自我风格。例如，雷朋的广告通过展现不同风格的用户佩戴太阳镜的场景，突出产品与个性表达的融合，让用户感受到"戴上它，就是表达自己"。

- IP打造：IP也是一种重要的表达自我和体现个性化的方法。通过打造独特的IP形象或故事，品牌可以与用户建立更深层次的情感连接。例如，李子柒以其独特的田园生活视频内容成功打造了一个代表自然、传统和宁静生活的IP形象。用户购买李子柒品牌的产品，不仅是在购买产品，更是在表达对这种生活方式和价值观的认同。IP 的打造不仅增强了品牌的辨识度，还为用户提供了一种新的自我表达方式，让他们通过打造自我 IP 来展现自己的个性和生活态度。

怀旧与回忆

怀旧与回忆是品牌通过唤起用户对过去美好时光的情感连接，从而激发购买欲望的一种强大情感卖点。通过将童年、青春或特定历史时期的记忆融入产品或品牌体验中，企业能够帮助用户重温过去的情感共鸣，同时赋予品牌更深层次的意义。怀旧与回忆的情感卖点，不仅仅是简单复刻过去的元素，更需要通过经典设计、故事叙述和情境还原，让用户重新感受当时的情感和记忆。

- 经典元素的延续：在产品设计中延续经典元素，如包装、标识、广告语或视觉风格，以唤起用户的情感记忆。比如大白兔奶糖通过经典的白底蓝字包装和浓郁的奶香味，将几代人对童年的记忆牢牢绑定在品牌上，成为一种集体情感符号。
- 跨界联名：通过与其他品牌联名，将怀旧情感融入新潮产品或场景中，既延续品牌的传统，又赋予其现代感。比如，大白兔奶糖推出的润唇膏、香水等联名产品，通过奶糖的味道和包装设计唤起几代人的童年回忆，同时吸引年轻一代的关注。
- 讲述品牌故事：通过广告、品牌官网或社交媒体，分享品牌的历史故事、发展历程或产品背后的文化意义，让用户通过故事回忆与品牌的情感连接。例如，宝丽来通过讲述其作为经典拍立得相机的历史，吸引了对复古美学感兴趣的用户，同时赋予产品"记录美好瞬间"的情感价值。

- 特定场景的还原：在线下门店、品牌展览或广告中还原过去的场景，通过氛围设计让用户沉浸在怀旧的体验中，如复古风的店铺布置或广告创意。比如，迪士尼乐园通过还原经典动画电影中的场景和角色，让不同年龄段的游客都能感受到童年的欢乐与美好。
- 特定时期的文化符号：抓住目标用户记忆中的文化符号，如特定年代的音乐、广告、包装风格等，通过复刻或致敬的方式唤醒情感共鸣。比如，百事可乐通过复刻20世纪80年代的经典瓶身设计，唤起消费者对那个年代潮流文化的回忆，成功吸引了不同年龄段的消费者。

安全感与信任

安全感与信任是通过品牌、产品或服务的稳定性、可靠性，以及对用户心理安全需求的满足，建立起强大的情感连接。通过提供值得信赖的体验，品牌不仅能赢得用户的好感和忠诚，还能占据市场中"安心选择"的独特定位。该情感卖点需要通过产品功能、品牌承诺和场景体验多维度建立。

- 核心价值定位：将"安全"作为产品设计和服务的出发点，并通过宣传明确传递给用户，如"选择我们，就是选择安心"。例如，沃尔沃以"安全"作为品牌核心理念，不仅通过技术创新（如汽车防撞系统、儿童安全座椅）提供物理安全，还通过广告和宣传建立了品牌的"安心承诺"。

- 产品功能背书：强调产品在技术层面如何保障用户的安全，如防护功能、稳定性能或健康监测等功能，增强用户的信任感。例如，大金空调通过独家技术，保证空气净化功能的高效性，提升用户在家庭环境中的健康安全感。
- 权威认证与资质：通过获得权威机构认证（如ISO、FDA）或行业标准背书，在包装和宣传中强化"安全"标签，让用户安心选择。比如，雅培的婴幼儿奶粉通过多项国际安全认证，向消费者传递"为宝宝的每一口负责"的信任承诺。
- 情感叙事：通过讲述品牌提供安全保障方面的真实案例，传递品牌对用户的责任和关怀，增强心理认同。比如，滴滴出行推出"安全护航"功能，并在宣传中用真实故事展示该功能如何保护乘客的安全，让用户感到安心。
- 沉浸式体验：在线下门店或广告中通过场景化的视觉和互动设计，让用户从感官上感受到品牌提供的安全感。比如，宜家在门店中设计温馨、舒适的样板间，让用户感受到"家"的安全感和可靠性。
- 品牌承诺与服务保障：提供明确的品牌承诺或保障服务，如售后无忧、全程保障等，并通过数据或真实案例增强用户的信心。比如，支付宝通过"支付无忧保障"，承诺用户因支付问题导致的资金损失将由平台赔付，传递"用支付宝更安全"的品牌形象。

身份认同与社会地位

身份认同与社会地位是品牌通过高端、奢华或独特的定位，帮助用户在社交场合中展示自身的成就和地位。这种情感卖点不仅满足了用户的功能需求，还为他们提供了一种象征性的价值，让品牌成为身份和成功的标志。该情感卖点需要品牌通过稀缺性、高端定位和文化象征，帮助用户在社交中获得认可。

- 明确高端定位：借助价格策略、限量供应和高端设计，塑造品牌稀缺性和奢华感，明确传递"拥有就是成功"的价值。例如，劳力士通过对精密工艺的追求和稀缺性的控制，成功塑造了"成功人士象征"的品牌形象。劳力士不仅是一块手表，更是对个人社会地位的反映。
- 打造品牌故事：通过讲述品牌的历史、工艺传承和文化积淀，赋予产品更多情感价值。例如，路易威登通过其悠久的品牌历史和与冒险精神的关联，让产品不仅是奢侈品，更成为探索精神和成功生活方式的象征。
- 名人代言与使用：通过与名人合作或在传播中突出社会精英用户群体，传递"成功人士的选择"的品牌形象。例如，特斯拉吸引了一批科技企业家和名人用户，使其品牌形象与创新和社会地位紧密相连。
- 专属定制：提供高端定制服务或限量产品，突出"专属于你"的理念，让用户感受到自己的独特性与品牌的高端定位相结合。比如，爱马仕通过手工定制服务，让用户拥有一件独一无二的奢侈品，进一步凸显个人的独特性和社会地位。

- 高端场景与体验设计：在线下店铺、品牌活动或产品交付过程中营造高端体验，如专属的会员权益、私人定制服务或高端展览，增强消费者的尊贵感。比如，四季酒店通过奢华的环境设计和一流的服务，让客人享有极致尊贵的入住体验，提升其对社会地位的感知。
- 产品稀缺性与身份背书：通过限量版、会员制度或筛选买家塑造"拥有即尊贵"的心理暗示，让用户感受到品牌的地位赋能。比如，法拉利通过限制产量和筛选买家，强化其品牌的身份象征，使拥有法拉利成为一种地位的象征。

关爱与亲情

关爱与亲情是品牌通过传递温暖、关怀和爱的情感，与用户的家庭和亲情建立深刻的情感联系。这种情感卖点通过唤起用户对亲密关系的珍视和对家庭幸福的追求，激发购买欲望，同时增强品牌的温度感和亲和力。该情感卖点需要通过温馨的场景化表达、家庭故事叙述和互动体验，拉近品牌与用户之间的情感距离。

- 场景化表达：通过广告和宣传视频呈现亲子互动、家庭聚餐等场景，让用户看到品牌与亲情的情感连接。比如，雀巢的婴儿食品广告以母亲细心照顾婴儿的场景为核心，传递品牌对母婴健康的关注和对家庭幸福的承诺。

- 品牌价值观传递：明确品牌对亲情、家庭健康的价值主张，并在文案、包装和宣传活动中持续传递这一理念。比如，美赞臣在宣传中强调"宝宝成长的每一步，我们都陪伴左右"，借助对健康和成长的关注赢得父母的信任。

- 产品功能与情感结合：将产品的功能性与情感价值结合，如通过强调"保护家人健康"或"呵护孩子成长"来增强品牌的亲和力。比如，强生通过"如母亲般呵护"的产品主张，让用户在购买婴儿用品时感受到母爱的细腻与周全。

- 家庭故事化传播：通过讲述真实或虚构的家庭故事，让用户在品牌传播中找到自己的家庭情感共鸣，增强对品牌的亲切感。比如，肯德基在家庭桶广告中呈现一家人共享美好时光的画面，传递"分享幸福"的理念。

- 参与式互动：组织与亲情相关的活动，如亲子日、家庭节等，增强品牌在亲情场景中的参与感。飞鹤奶粉通过举办"亲子健康日"活动，不仅传递品牌关怀，还为用户创造亲情互动的机会。

- 包装与产品设计：在包装上融入温暖的视觉元素或亲情化的语言，如"给孩子最好的呵护""一家人共享的美味"，让产品本身成为情感的媒介。例如，德芙的情人节巧克力包装以"爱意满满"的设计，让用户在送礼时传递爱与关怀。

幸福感与愉悦体验

幸福感与愉悦体验是品牌通过产品为用户带来的快乐、满足感和情感愉悦。这种情感卖点旨在让用户在使用产品时感受到积极的情绪，增强品牌与用户的情感连接，同时激发购买行为，特别是在节日、庆典等特殊场景中尤为有效。这种情感卖点，需要通过产品设计、场景传播和品牌叙事，让用户在使用品牌产品时感受到由内而外的快乐和满足。

- 产品设计传递幸福感：在产品包装上融入幸福感元素，如节日氛围、精致感或独特设计，使产品本身成为"分享快乐"的象征。例如，费列罗通过金色的包装和精致的造型，营造出"礼物般的体验"，让用户在购买和赠送时都感受到幸福和庆祝的氛围。
- 场景化传播：通过广告、社交媒体内容等，呈现用户在庆祝、团聚或放松场景中使用产品的愉悦画面，让品牌与幸福时刻建立关联。例如，可口可乐通过广告展示朋友聚会或家庭团聚时的欢乐场景，传递"打开可乐就是快乐"的品牌理念。
- 结合节日与庆典：推出节日限定款、特别包装或礼品组合，让产品在特殊场合中成为传递幸福和愉悦的媒介。例如，迪奥在圣诞节和情人节等节日推出限量礼盒，将品牌与节日庆祝紧密结合，成为传递幸福与爱意的选择。
- 多感官体验：在产品开发中注重感官细节，通过颜色、质地、气味和味道提升用户的使用体验，增加幸福感。比如，哈根达斯通过细腻的口感和创意的口味组合，让用户在品尝冰淇淋时收获视觉、味觉和情感的三重满足。

- 品牌叙事：通过讲述品牌带来的幸福故事（如用户故事、感人广告等），强化品牌"快乐制造者"的形象。例如，迪士尼通过"让每个人感受童话般的快乐"这一品牌理念，将幸福感融入电影、乐园和周边产品的每个细节。

- 鼓励分享：在产品包装或宣传中植入"分享"理念，如鼓励用户将产品与家人、朋友共享，增强品牌的幸福感联想。例如，雀巢奇巧通过"Share a Break, Share a KitKat"的广告语，鼓励用户分享巧克力，增添互动中的幸福感。

责任感与环保意识

责任感与环保意识是品牌通过倡导环境保护、社会责任和公益价值观，与用户建立深层次的情感认同。这种情感卖点满足了用户的内在需求，帮助他们通过购买行为参与到更大的社会使命中，使品牌不仅成为消费品，更成为责任感和信念的象征。

- 明确品牌主张：明确品牌在环保或社会责任方面的核心价值，如可持续发展、减少碳足迹或支持公益项目，并通过广告、官网或包装持续传递这一理念。例如，帕塔哥尼亚以"我们是为了保护地球而存在"作为品牌使命，通过可持续材料和环保制造工艺，吸引那些关注环境的用户。

- 产品创新：在产品设计中引入环保材料、循环再利用功能或节能特性，让用户通过购买产品直接参与到环保行动中。例如，乐扣乐扣推出环保餐盒系列，使用可回收材料并倡导减少一次性塑料的使用，成为环保生活方式的代名词。

- 品牌故事化传播：通过广告、短片或社交媒体，展示品牌在环保或公益方面的具体行动和成就，如参与植树、减少污染或支持弱势群体。例如，华为通过绿色技术和可持续发展措施，如低能耗的5G基站和绿色数据中心，推动环保。同时，华为在教育和公益领域也积极投入，支持偏远地区的数字教育和技能培训，并通过"未来种子"计划为贫困地区提供教育资源。此外，华为还参与灾难救援和基础设施建设，履行社会责任并推动公益事业。

- 与消费者共创：推出环保主题的互动活动，如"每购买一件产品，种下一棵树"或"旧物回收换购"，让用户的消费成为环保行动的一部分。例如，宜家鼓励用户通过回收家具项目参与环保行动，并提供折扣券作为奖励，增强了用户的参与感和责任感。

- 权威认证与透明度：通过获取权威机构的认证（如环保标志、碳中和证书），并公开生产环节的环保数据，增加用户的信任感和品牌的公信力。例如，吉利汽车通过获得"碳中和"认证和"绿色工厂"认证，证明其在生产中采取了环保措施，并公开环保数据，提升透明度。

特别是在电动汽车领域的创新，进一步增强了品牌的公信力和用户的信任感。

- 情感化文案与视觉设计：在包装、广告和宣传中融入情感化的文案和视觉设计，如绿色元素、自然图景或公益行动照片，让用户直观感受到品牌对环保和社会的承诺。例如，多芬通过广告文案"真美丽来自关爱"使产品与社会责任相结合，强调品牌在提升女性自信和社会认同上的贡献。

温暖和治愈

温暖和治愈是品牌通过产品、设计或体验，为用户在压力和不确定性中提供情感上的安慰和内心的平静。这种情感卖点让用户感到被关怀、被理解，满足了他们对温暖、安全和情感支持的深层需求，能在快节奏生活产生的焦虑情绪中给予治愈的力量。这种情感卖点需要通过简约设计、舒适功能、暖心故事和场景化体验，为用户带来心理慰藉和情感抚慰。

- 简约设计：通过简洁的产品设计和柔和的视觉风格，让用户感受到生活的治愈力量，如使用自然材质、圆润造型或温暖的配色。例如，无印良品通过简约自然的设计、柔和的色调和环保材料，营造出平静的生活氛围，让用户在复杂的生活中找到简单的安慰。

- 产品功能：在产品中加入放松、舒缓或安神的功能，如柔软触感、香氛疗效或与健康相关的创新设计，让用户在使用时获得治愈体验。例如，小米的米家智能家居系列，如智能音响和智能床垫，就融合了放松功能。智能音响提供白噪音和冥想音乐，帮助缓解压力；智能床垫通过睡眠监测和按摩功能，提升舒适度，缓解身体疲劳，带来治愈体验。

- 情感叙事：通过广告或产品包装，讲述品牌如何关怀用户的生活，如分享产品研发背后的暖心故事或传递"关爱与呵护"的品牌价值。例如，百事旗下的豆奶品牌"植益"通过讲述大豆温暖种植的故事，强调天然和关爱的情感，吸引注重情感连接的用户。

- 营造治愈场景：通过门店设计、音乐选择和服务流程，打造温暖、舒适的消费场景，让用户在品牌空间中感受到安宁与关怀。例如，星巴克通过温馨的咖啡馆氛围、舒适的座椅和细腻的服务，让顾客在繁忙的城市生活中找到一片治愈的"第三空间"。

- 传播内容：通过广告和社交媒体，以治愈系的语言和画面触动用户，如柔和的背景音乐、治愈系插画或温情故事短片。例如，日本品牌"白元"推出的暖宝宝产品，以"冬天的贴心伙伴"为主题，强调温暖和贴心的情感诉求。

- 以关怀为核心的产品设计：在产品设计中注重用户的情感需求，如添加安抚性语言提示或提供贴心的配套服务，让品牌成为消费者的情感支持。例如，宜家在家居设计中，通过舒适的枕头、柔软的地毯和温馨的灯光布置，为用户打造治愈的居家环境。

希望与梦想

希望与梦想是品牌通过产品、服务或品牌故事激发用户对未来的美好想象，传递积极、乐观和向上的精神力量。这种情感卖点能让用户感受到生活的美好前景，尤其适合强调成长、突破和理想的品牌定位。希望与梦想的情感卖点需要通过品牌故事、沉浸式体验和具象化设计，激发用户对美好未来的憧憬。

- 核心理念：明确品牌希望传递的梦想或希望，如"让每个人都拥有追逐梦想的勇气"，并在产品设计、广告传播中一以贯之地强化这一精神。例如，迪士尼通过"Where Dreams Come True"的品牌理念，营造了一个充满梦想的童话世界，让顾客相信梦想可以成真。

- 通过叙事传递梦想的力量：通过广告、社交媒体或品牌活动，讲述"普通人实现梦想"的真实案例，让用户感受到品牌传递的希望和力量。例如，耐克的广告通过展现运动员挑战极限、突破自我的故事，激励用户相信"一切皆有可能"。

- 设计具象化的希望符号：通过产品或品牌标志设计融入希望的象征，如星空、光芒、翅膀等元素，给用户带来视觉上的鼓舞。例如，乐高通过鼓励创意和搭建，传递"用想象力创造无限可能"的品牌理念，让用户，尤其是儿童，对未来充满希望。

- 打造与梦想相关的体验场景：在线上或线下体验中营造梦幻场景，如创建"梦想日"主题活动或推出激励人心的品牌视频，让用户身临其境地感受到希望和梦想。例如，迪士尼乐园通过沉浸式的童话世界，让游客感受到"梦想照进现实"的幸福与激励。

- 鼓励参与，助力实现梦想：通过资助计划、梦想基金或用户互动活动，为用户提供实现梦想的实际支持，让品牌成为梦想的助推者。例如，星巴克通过"青年创想计划"资助年轻创业者，帮助他们实现梦想，同时将"激励未来"融入品牌形象。
- 品牌文案与视觉传递：通过文案和广告设计传递积极向上的情感，如使用温暖明亮的配色和励志的语言，增强用户对未来的信心。例如，小王子 IP 在文案和插画中以"寻找希望之光"为主题，唤起用户对梦想和成长的思考与追求。

情感共鸣与关怀

情感共鸣与关怀是品牌通过深刻理解用户的情感需求，表现出与用户同样的关注与理解，传递真诚的关怀，进而与用户建立深层次的情感连接。这种情感卖点能够让用户感受到品牌的温度和共情能力，从而增强忠诚度和品牌认同感。

- 挖掘用户的情感需求：通过调研和洞察了解目标用户最关注的情感诉求，如对自信、自我接纳、关爱的渴望等，并将其作为品牌核心信息传递。例如，完美日记通过调研了解用户特别是年轻女性对自信、自我表达和个性化的需求。品牌通过社交媒体与 KOL 合作，传递出"每个人都有属于自己的美"的核心理念，鼓励女性自信展现自我，不必迎合传统审美标准。完美日记的广告和营销内容强调化妆不仅是修饰外貌的工具，更是个人表达和情感释放的方式，从而帮助用户建立自信，增强情感共鸣。

- 品牌价值观传递：明确品牌支持的社会价值，如支持女性权利、关怀弱势群体或提倡心理健康，让用户感受到品牌的责任感和支持。例如，Always 的 #LikeAGirl 活动重新定义"像女孩一样"这一常被轻视的说法，倡导女性力量，赢得了女性用户的共鸣和支持。

- 讲述真实故事：通过广告、社交媒体或品牌宣传活动，讲述用户的真实故事，增强品牌与用户的情感连接。例如，潘婷通过广告讲述普通女性克服困境、实现自我成长的故事，让用户感受到品牌对女性成长的理解与支持。

- 产品设计体现关怀：以细节打动用户，在产品功能和包装设计中融入情感关怀，如贴心的提示语、定制化的设计或温馨的色调和语言，拉近与用户的距离。例如，花王的产品通过舒适设计，结合温暖的文案包装，展现对女性细致入微的关怀。

- 创建互动体验：通过社交媒体活动或线下体验，如邀请用户分享自己与品牌相关的温暖瞬间，让他们感受到品牌的陪伴和理解。例如，宜家的广告通过展现家庭的温暖时光和陪伴的力量，唤起用户对家人关爱的情感共鸣。

- 公益行动与社会责任：参与或发起与目标用户的情感相关的公益项目，如支持儿童教育、心理健康或社区建设，让用户感受到品牌的关怀。例如，联合利华通过推广清洁饮用水项目，不仅履行社会责任，还提高了用户对品牌的信任感。

自我提升与成就感

自我提升与成就感是品牌通过产品、服务或平台，帮助用户实现成长、技能提升或个人成就，从而增强他们的自我价值感。这种情感卖点满足了用户对自我实现的需求，让品牌成为支持他们追求成功的伙伴。这种情感卖点可以通过工具支持、成功案例和社群互动，帮助用户看到自己的潜力并实现个人价值。

- 明确品牌的赋能定位：将"助力成长"作为品牌核心信息，如通过产品功能、广告文案明确传递"我们帮助你更好地实现目标"。例如，脉脉通过职场社交和资源共享平台，帮助用户拓展人脉、学习职场技能，传递"助力职业发展"的品牌定位。
- 提供实际工具和资源：开发专注于自我提升的功能或服务，如学习工具、成长路径规划或目标跟踪功能，直接帮助用户实现他们的成长目标。例如，得到app通过精选课程和知识服务，为用户提供系统化的学习资源，帮助他们快速提升认知和技能。
- 激励用户的成长历程：通过进度跟踪、成就徽章或数据反馈，将用户的成长历程具象化，激励他们继续追求成功。例如，Keep 通过运动数据的可视化功能，让用户直观看到自己的锻炼成果，从而感受到坚持的成就感。

- 构建成长社区：为用户提供互动平台或社群，让他们分享自己的成长故事、收获鼓励和支持，形成积极的成长氛围。例如，LinkedIn 通过职业社交平台，建立了一个以成长和职业发展为核心的用户社区，鼓励用户分享成功经验和职业建议。

- 成功案例展示：通过广告、社交媒体或品牌内容，分享真实用户借助品牌实现自我提升的故事，增强品牌的可信度和感染力。例如，李宁通过社交媒体和广告传播真实用户的故事，展示他们如何通过运动和穿着李宁的产品实现自我提升。李宁分享了许多运动员和普通用户的故事，强调通过坚持运动、提升自我，获得自信和成功的转变。

- 品牌承诺与激励机制：通过提供奖励计划、专项资助或用户成长激励机制，让用户感受到品牌对他们成长的支持和期待。例如，华为推出的"未来种子计划"支持年轻人学习科技知识，鼓励他们参与创新并实现职业突破，传递品牌"助力未来"的承诺。

- 情感化文案：通过励志文案、视频或广告，激发用户的自我提升动力，如"每一步成长，都有我们的支持"。例如，新东方的宣传语"知识改变命运"直接传递出学习与成长的紧密关系，激励用户为未来努力。

浪漫与爱情

浪漫与爱情是品牌借助产品或体验传递浪漫和亲密的情感，让用户感受到对美好爱情的憧憬和期待。这种情感卖点能够满足用户对浪漫氛围的渴望，尤其在情感表达和有纪念意义的场景中，成为品牌与用户深度连接的重要桥梁。这种情感卖点需要通过产品设计、浪漫场景传播和仪式感体验，将品牌与用户的情感联系深度绑定。

- 核心理念传递：明确品牌的浪漫定位，如"见证每一个浪漫瞬间"，并通过产品和传播强化"浪漫象征"的价值。例如，ROSEONLY通过精选的玫瑰传递爱情和浪漫。品牌强调每一朵玫瑰都代表着一个独特的承诺，特别适合用来庆祝重要的爱情时刻，如求婚、结婚纪念日或特别的日子。同时，ROSEONLY要求购买者需要绑定自己和伴侣的身份证才能购买，而且今后该购买者只能送给当初绑定的那个伴侣，不可以更换赠送对象。这样的规则也体现了品牌的核心理念：真爱唯一。

- 情感化产品设计：设计充满情感寓意的产品元素，如象征爱情的心形、刻字定制或专属纪念日产品，让用户将品牌与浪漫情感深度绑定。例如，潘多拉珠宝的定制手链通过可选择的不同吊坠，记录恋人间的每一个珍贵瞬间，传递独特的爱情记忆。

- 浪漫场景化传播：借助广告、社交媒体内容或线下体验，打造求婚、纪念日或情人节等浪漫场景的视觉与情感氛围，让用户感受到品牌与爱情的紧密关联。例如，蒂芙尼通过广告呈现恋人求婚、婚礼等浪漫场景，让品牌成为爱情故事的一部分，触动用户的情感共鸣。

- 创造仪式感：推出限量款或节日定制产品，并结合情感故事或活动，帮助用户将品牌产品融入爱情表达的关键场景中。例如，Swatch推出了限量款和节日定制手表，如情人节特别版、圣诞节限定款等，这些产品通常设计精美，融入爱情、浪漫或节庆元素。品牌通过精心策划的情感故事和活动，使用户在购买这些定制手表时，能与他们的重要时刻或爱情故事产生共鸣。

- 激发用户的美好想象：通过品牌故事或广告内容，展现"爱情如何因品牌而更美好"的情感联系，激发用户对浪漫的憧憬。例如，香奈儿的香水广告运用电影般的拍摄手法，展现了充满激情与浪漫的爱情故事，强化了香水作为爱情符号的地位。

- 互动体验：推出线上定制服务、爱情互动小游戏或浪漫照片分享活动，让用户通过品牌产品参与浪漫体验。例如，鲜花订阅品牌野兽派通过提供定制化卡片服务，让用户在购买鲜花时，可以传递更个性化的爱情表达。

- 节日营销：围绕情人节、纪念日或婚礼季推出主题活动或特别产品，进一步将品牌与浪漫和爱情的场景联系起来。例如，周大福在情人节推出"真爱系列"珠宝，结合爱情主题活动，强调品牌在特殊节日中的浪漫情感意义。

7 Chapter
品牌三语：命名、广告语与品牌故事的艺术

成功的命名都具备这 6 个要素

命名的 6 个要素如图 7-1 所示。

图 7-1

凸显卖点

品牌或产品的名字应能够直接或间接传达其核心卖点、行

业属性或产品特性，帮助用户在第一时间就能理解品牌的功能、优势或产品的独特之处。好的品牌名不仅可以说明产品是什么，还应当说明"它有什么不同"和"为什么用户应该选择它"。通过命名突出品牌的卖点，可帮助品牌在众多竞争对手中脱颖而出。

例如，"认养一头牛"这个品牌名不仅明确了它与传统乳制品品牌的差异化，还通过拟人化和场景化的表达，赋予品牌一种温暖、关怀的情感连接，同时传达了"认养"这种特殊的商业模式。这种创新命名方式直接体现了产品与用户的互动，让用户不仅购买产品，还能参与到品牌的商业模式中，建立情感纽带。

再如，"坚果厚乳"通过直白的方式把产品的核心属性"厚乳"作为名字的一部分，强化了用户对产品特性的直观感受。这种命名方式清晰传递了产品的功能卖点——厚实醇厚的口感，同时也突出品牌"创新中式厚乳"品类的优势，使用户快速记住并理解品牌的特性。

传递价值

品牌命名不仅要传递产品的核心功能，还应体现品牌的价值主张，帮助用户理解品牌想要传达的理念或文化。一个能有效传递价值的名字，能够通过简单的语言，引导用户在潜意识中对品牌形成特定的认知，并与品牌的价值产生情感共鸣。

例如，"麦出健康"这个名字通过谐音"迈出健康"，不仅直接传递了品牌致力于成为健康饮品的定位，还通过语言的趣味性和口语化的表达，增加了品牌的亲和力和传播力。这种语言游戏不仅让名字更加易记，还能够增强用户对品牌的情感认同，使他们能在社交场景中自发宣传品牌，进一步扩大品牌的影响力。

通过名字传递价值，可以强化品牌的理念和文化定位，吸引那些认同品牌价值观的用户，建立起长久的忠诚度。好的名字可以让用户在看到品牌时，立刻感受到品牌为他们生活带来的价值，从而在情感上建立联系。

塑造调性

品牌名字应具备差异化，能够在竞争激烈的市场中脱颖而出。通过独特的命名，品牌可以在用户心中迅速建立起专属的品牌调性，并使其具备识别度。品牌名字的调性不仅仅是产品的延伸，它应该反映品牌的个性、风格，以及所传达的文化或情感。

例如，"观夏"香水通过"昆仑煮雪""书院莲池""颐和金桂"等充满东方诗意的名字，塑造出宁静、雅致的品牌调性。这些名字不仅展示了香水产品的独特气质，也使品牌与古典美学、东方哲学相结合，给用户带来文化上的共鸣与认同。

此外，像"梅见""落饮"这样的名字，则通过文化典故和诗意表达，赋予品牌一种与众不同的调性和格调。品牌的独特调性帮助其从同质化的产品中脱颖而出，使用户通过名字直接感知到品牌的文化价值和审美风格。这种独特的调性往往能够帮助品牌在消费场景中塑造高端或差异化的形象。

诉说故事

一个好的品牌名字，不仅仅是一个代号，更应该诉说品牌背后的故事或理念，帮助用户理解品牌的精神内核和文化背景。品牌在命名时可以通过引用经典、关联历史人物等，增加品牌的文化厚度和情感深度，使用户在购买产品时感受到品牌背后更深层次的意义。

例如，特斯拉借用伟大的发明家尼古拉·特斯拉的名字，传递出品牌与科技创新紧密相关的品牌精神，展示出品牌致力于推动未来电动汽车技术发展的远大抱负。

通过诉说品牌故事，名字可以成为品牌文化的延展，使用户对品牌的认同不仅仅停留在产品层面，还延伸至文化和情感层面，形成更深刻的情感连接。品牌故事的背后往往承载着历史、文化或价值观，能够帮助品牌在市场上与用户建立更有效的联系。

能够注册

品牌在命名时，法律上的可行性是至关重要的一环。品牌名字不仅要在市场上有竞争力，还必须确保可以合法注册为商标，避免商标侵权风险。在全球市场竞争日益激烈的情况下，品牌命名不仅要考虑国内市场，还要考虑未来的国际市场扩展需求。因此，确保名字在全球范围内的唯一性和可注册性是品牌保护的重要步骤。

品牌在命名时，首先需要进行商标查询，确保名字没有被他人注册或占用。在全球市场上，跨国品牌更需要确保名字在各个目标市场中都有独占性，以避免因法律问题导致品牌更名。选择可以获得商标保护的名字，不仅有助于品牌的长期发展，也能避免未来的法律纠纷。

此外，名字在申请商标时应避免过于通用或涉及描述性强的词汇，以提高商标通过率。独特的名字往往更容易获得商标注册保护，也能避免未来扩张时遇到法律障碍。

利于传播

名字应该简洁明了，易于记忆。在现代快节奏的生活中，用户接触到的信息量非常大，品牌需要一个简洁、易记的名字，才能在众多信息中脱颖而出。名字是否简洁直接影响着用户是否能够快速记住、是否愿意与他人分享。因此，一个名字应尽可能避免使用过长、复杂或晦涩的词汇，让用户在短时间内便能记住品牌。例如，知名品牌"可口可乐"，名字不仅简洁易记，在世界各地也都能被正确理解。类似的全球品牌在命名时通常会避免使用多音节或复杂拼写的词汇，这样即使跨语言、跨文化传播，名字也能保持其核心辨识度。

名字的视觉和听觉效果同样重要。视觉吸引力是指名字在书写和展示上是否美观和独特，是否能够在广告、包装、海报等场合吸引目光。视觉上富有冲击力的名字能够增强用户的第一印象，并加深记忆。例如，"耐克"（Nike）这个名字短小精悍，字母排列简洁，极具视觉辨识度。同时，它的品牌标识与名字相辅相成，进一步强化了视觉效果。

而听觉效果则与名字的音节流畅性、发音是否顺口密切相关。名字应易于发音、流顺口，这样在用户口碑传播时能够更加自然，不易产生阻碍。音调清晰、流畅的名字能够帮助品牌在传播中迅速扩散，增加品牌被讨论和记忆的机会。尽量避免使用过多复杂辅音组合或生硬的音节，这会使名字发音生涩。名字最好能带有节奏感，音节间衔接顺畅，符合自然的语言发音习惯。有时可以考虑使用押韵或重复的音节，这样名字更具记忆点，便于传播。例如，"谷歌"（Google）的名字不仅简洁，其双音节结构使得发音非常顺口、易于传播。此外，名字中重复的"g"音使其更具节奏感，让品牌在全球范围内的传播中表现突出。名字的良好听觉效果可以增加用户在谈话中自然提及的概率，帮助品牌迅速传播。

如果品牌或产品的名字已经固定，且不具备简洁易记的特点，则可以考虑为其起一个易于传播的昵称。昵称是一种非正式的简化形式，通常比原名字更短、更具亲和力和传播性。它能够帮助品牌拉近与用户的距离，加深用户的记忆，提高分享欲望。比如，小黑裙、小白鞋、小蓝杯、小棕瓶、萝卜头等都是易于传播的昵称。通过给产品或品牌起昵称，品牌能够更好地融入用户的日常生活中，提升其传播性和接受度。这不仅为品牌注入了更多的情感元素，还可以通过口碑传播进一步扩大品牌的影响力。

命名也有流行趋势

在过去，品牌命名的重点通常放在清晰描述产品的功能和特性上，强调"这是什么"，即物质化命名。品牌名字通常简洁、直接地传达产品的实用性、功能或原材料，让用户在第一时间就能明确了解产品的属性。例如，一个电风扇品牌可能直接命名为"劲风"，通过名称直接突出其风力强劲的功能优势。这种命名方式直截了当，让用户一眼就能看出产品的核心卖点。

然而，随着用户需求的变化，尤其是用户对情感体验和个性化的需求的提升，品牌命名逐渐从"物质化"转向"情绪化"，强调产品能为用户带来什么情感价值。品牌不仅要告诉用户产品是什么，更要传达产品能够提供的体验或情感。这种命名方式不仅聚焦于产品的功能层面，还关注情感诉求，帮助用户通过产品获得情感上的满足。

从功能诉求到情感诉求

现代的情绪化命名不仅传达产品属性，还能让用户在看到名字的瞬间联想到特定的情感、体验或生活场景。这种命名方式能够更快、更有效地引发用户的情感共鸣，从而形成记忆和购买动机。品牌名字不仅可以传递物质属性，还可以激发用户的情感体验。

案例　　　　**躺岛的情绪化命名策略**

"躺岛"这个品牌通过情绪化命名打造了一系列能够触发用户情感反应的产品。例如，在"猫肚皮枕"成功引发用户对温暖、舒适的情感认同后，躺岛持续推出了与不同使用场景相结合的产品，并通过命名传递出强烈的情感诉求，形成了情感营销矩阵。

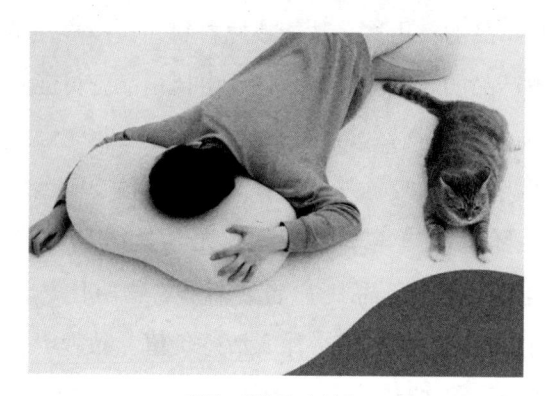

躺岛"猫肚皮枕"

"猫肚皮枕"的命名将产品的柔软属性与宠物猫这一常见的"治愈系"元素结合起来，瞬间营造了温暖、舒适的情感联想。猫的肚皮柔软而充满治愈感，这种拟人化的命名让用户在接触到产品时，情不自禁地联想到猫咪温暖的身体，从而产生一种想要拥有、享受这种舒适体验的心理需求。通过这种情绪化的命名，品牌不仅传达了枕头的物理特性——柔软舒适，更为产品增添了温馨和治愈的情感属性，使其在电商平台上自带话题度和流量。

"熊抱被"则通过命名进一步强化了产品的温暖感。熊抱带给人一种温暖、厚重和安全的感觉，这种命名不仅让人联想到冬日的温暖、家居的舒适，还通过情感联想让用户在寒冷的环境中自然地想到"熊抱"带来的温馨与治愈。这种情绪化命名策略通过强化"暖"和"融"两个卖点，进一步使产品的功能性与情感体验相结合，满足了用户对温暖、关爱的情感需求。

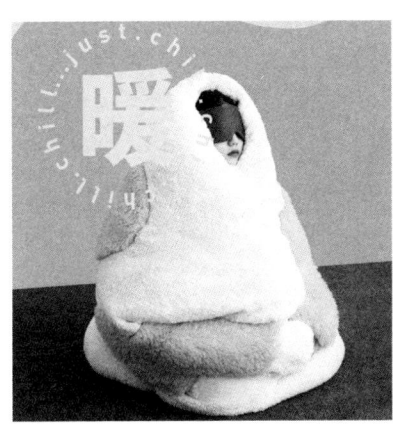

躺岛"熊抱被" 躺岛"瓜瓜凉被"

"瓜瓜凉被"则利用了"西瓜"这一清凉、清爽的形象,通过简单的视觉和情感联想来传递产品的核心卖点——凉爽。西瓜作为夏天的象征物,带给人一种极具画面感的清凉体验。产品的命名用西瓜这种典型的符号,引发用户对夏日消暑的联想,并将这种体验转化为对凉被的需求。同时,名字中的"瓜瓜"还增加了亲切感,容易激发用户的好奇心和购买欲望。通过电商详情中的文案"盖被比不盖凉",创意性地强化了产品的清凉属性,进一步巩固了用户的情感认知。

"树荫眼罩"的命名通过"树荫"这个自然元素,迅速传递出清凉、宁静的情感诉求。树荫象征着夏日的清凉避暑之地,与眼罩的功能高度契合,同时突出了产品的天然属性和环保材质。相比传统的"眼罩"命名方式,"树荫"这个情感化的命名更加具有画面感,给用户带来清新、自然的感受,进一步与"天然木浆面料"和"环保"的产品卖点相结合,形成差异化。

躺岛"树荫眼罩"

"蕉绿蜡烛"的命名充分利用了汉语的谐音梗——"蕉绿"与"焦虑"同音,让用户在一瞬间感知到情感上的联系。通过这种创意命名,蜡烛不再仅仅是照明或装饰的工具,还可以通过燃烧来"燃烧焦虑",给用户带来情感上的治愈。香蕉造型的设计进一步增强了这种趣味性和情感共鸣,提升了产品的吸引力。

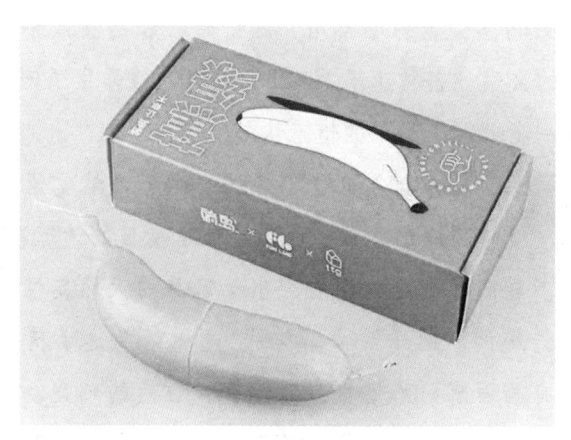

躺岛"蕉绿蜡烛"

过去，用户的需求更多集中在物质层面，品牌命名主要聚焦于产品的功能和实用性。然而，随着市场的同质化和物质稀缺时代的结束，用户更加重视产品带来的情感体验。品牌必须通过情绪化的命名方式，快速抢占用户的认知，通过情感共鸣来吸引用户的注意力。

用户已经不仅仅在意产品"能做什么"，而是更加关注产品"能带来什么感受"。品牌要通过命名和用户建立更强的情感连接。情绪化命名能帮助品牌抢占认知，抢占体验，抢占情绪，使其在市场中更具吸引力。

广告语策划无非就这 4 类

广告语是指能体现品牌理念、品牌带给用户的利益点及用户对品牌的感知的宣传用语。一句好的广告语应该是引发用户兴趣、让他们想进一步了解产品的起点。广告语不仅仅是功能性或产品特性的陈述，还需要能够触动用户，能够通过短短几句话让用户对品牌产生深刻的印象。不同产品的广告语有不同的写法，对于常见的普通产品，可以通过突出它的"高光时刻"来吸引注意，比如榴莲这种产品，可以找出它最具特色的体验来做卖点。而对于有技术含量的产品，则需要深入挖掘其核心卖点，强调技术优势或独特功能，通过广告语清晰传递产品的专业性和独特价值。我们认为好的广告语应具备以下一个或几个特点（见图 7-2）。

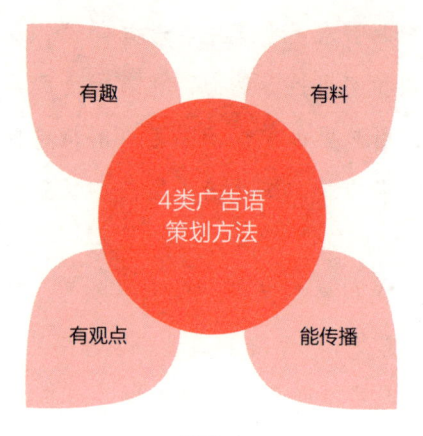

[图示:4类广告语策划方法 — 有趣、有料、有观点、能传播]

图 7-2

有趣

有趣是吸引用户注意力并引发情感共鸣的关键因素。在这个信息爆炸的时代,品牌需要通过有趣、引人入胜的表达方式,打破用户的注意力屏障,促使他们进一步了解产品。广告语不仅是对产品功能的简单陈述,它应当通过巧妙的语言设计、情感共鸣和趣味性,激发用户的好奇心和购买欲望。

1. 情感触动与情感共鸣

广告语应具有情感触动的力量,能让用户在看到广告时与品牌产生内心的连接。情感共鸣是品牌与用户之间的重要桥梁。充满情感的广告语可以直接影响用户的心态,让他们更愿意接受品牌的信息。品牌在设计广告语时,可以通过幽默、感性或温暖的语言,触动用户内心深处的情感诉求。例如,像"你就是我的优乐美"这样的广告语,不仅让品牌融入了情侣间表达爱意的场景,还赋予了品牌一种亲密且有趣的情感关联。

2. 双关与押韵，提升记忆力

语言中的双关语和押韵技巧可以有效地增强广告语的趣味性，并提升其传播效果。广告语中的押韵、叠词、对仗句式等技巧，能够让用户在读或听到广告语时产生更强的记忆感受。例如，广告语"膜法新升级，美白黑膜力"通过押韵和节奏感，让用户很容易记住产品的卖点。在重复的叠词运用中，如"比牛皮还牛的皮带"，通过叠词的增强效果，让用户的注意力集中于"牛"这一核心属性，加深记忆。

双关语则通过一语双关的表达，带来语言趣味和创造性。品牌可以通过这些技术手法，让广告语在平凡的生活场景中显得突出。比如，"今年过节不收礼，收礼只收脑白金"，这种句式带有强烈的口头传播力，也创造了一种反复的记忆循环，消费者很容易在日常生活中无意间提到并传播品牌信息。

3. 适合吟唱的韵律感

广告语如果具备韵律感，或者能够被"唱出来"，将进一步加深用户对品牌的记忆。人类对音律的敏感度极高，带有音调和节奏感的广告语更容易在用户心中留下深刻印象。这种韵律不仅增强了广告语的可记忆性，还增加了它的可传播性，甚至能够形成"肌肉记忆"，让用户在特定场景下不自觉地吟唱或记起广告语。

以"绿箭口香糖"的广告语为例，"清新绿箭就在身边"带有节拍和韵律，通过简单的旋律将品牌与"清新"这一情感体验紧密结合起来。用户在听到广告语时，容易产生一种轻松愉快的感受，进而形成对品牌的好感。

4. 结合生活场景，唤起记忆点

有趣的广告语往往能与用户的日常生活场景产生关联，当与这些场景有关的某些记忆点被触发时，广告语便自然地浮现在用户脑海中。这种情境关联使广告语具备了场景适配性，让用户在特定情境下，自动回想起广告语和品牌。例如，"下雨天，＿＿＿跟＿＿＿更配哦"通过生活化的场景，结合简单而熟悉的广告语，让用户在相似的场景中自发地回忆起品牌，这种场景嵌入式的广告语能够在无形中提升品牌的曝光率和传播度。

5. 利用文化符号与流行语

通过文化符号或流行语，品牌可以让广告语更加亲民，并能够迅速引发话题讨论。文化符号的运用不仅增强了广告语的趣味性，还能够为广告语赋予某种文化认同感。利用当下流行的语言或表达方式，如网络用语、幽默梗等，可以拉近品牌与用户之间的距离，让用户更容易接受和传播。例如，"这是你的益达"将广告语转化为社交场合中的开场白，进一步加深了广告语的情境性和趣味性，使其具备了流行性。

有料

有料是指广告语应能够清晰、有力地传递品牌或产品的核心卖点，直击用户的痛点或需求，让他们在短时间内了解品牌提供的独特价值。有料的广告语不仅仅是一种宣传，还能通过简洁明了的表达方式，让用户感受到产品背后的技术、品质或独特体验，从而引发进一步的关注和兴趣。

1.传递品牌核心价值

广告语应直接传达品牌的定位和核心价值,帮助用户迅速了解产品的优势和特性。通过广告语,品牌能够强化其在用户心中的认知,形成差异化定位。对于用户来说,广告语的有料在于它能够通过一句话让用户明白品牌的与众不同之处,并且快速感知产品能为他们提供什么样的价值或体验。

例如,OPPO 的广告语"充电 5 分钟,通话 2 小时"不仅直接传递了品牌在补能方面的优势,还通过具体数据强化了用户的体验,简洁有力地传达出产品的卖点。这种实用、直接的表达方式,可以让用户在瞬间理解产品的核心功能。

2.突出产品卖点

有料的广告语不仅要传达品牌的理念,还应突出产品的具体卖点。广告语应该让用户明确知道产品的核心优势,或者通过对比强调其在市场中的独特之处。例如,法兰琳卡的广告语"不加一滴水的面膜"直接凸显了产品配方的独特性,强调了纯净、高效的卖点。轩妈蛋黄酥的广告语"没有好蛋黄,轩妈不开工"同样展示了产品对原材料的严格要求,通过强调优质蛋黄的使用,传达了对产品品质的坚持。这种直接传达产品成分或技术特性的广告语,可以让用户对产品产生更高的信任感和认同感,同时也强化了品牌在市场中的差异化优势。

3.通过具象化表达增强说服力

具象化的表达能够让产品的特点更加直观易懂。例如,王品牛排的广告语"一头牛仅供六客"通过具体的数字传递出高端品质和稀缺感，顾客能够通过这一信息立刻感受到品牌的用心和产品的珍贵。这种通过具体数据、独特工艺或限定条件的表达方式，能够让用户更直观地感知产品的与众不同，强化品牌的专业性。

4. 引发思考与好奇

广告语的有料不仅在于传递信息，还可以通过提问或反常识的形式，激发用户的好奇心，引导他们关注并了解产品。例如，滋源的广告语"洗了一辈子头发，你洗过头皮吗？"通过提问的方式直接引发用户的反思，让他们意识到一个被忽略的问题，从而引发对产品的关注。这种提问式的广告语不仅能传递产品的卖点，还能引导用户自发去探索产品背后的理念和价值。

5. 强化产品质量或制作工艺

通过对产品生产过程、配方或制作工艺的详细介绍，广告语可以让用户直观感受到产品的高质量。例如，厨邦酱油的广告语"晒足180天，厨邦酱油美味鲜"通过强调传统工艺和制作时间，传递出产品的高品质和独特风味。这种以具体工艺或时间为卖点的广告语，不仅能突出产品的独特性，还能增强用户的信任感。

6. 简单易懂，快速传递信息

有料的广告语应该易于理解，避免使用晦涩难懂的语言。广告语的核心是让用户在短时间内明白产品的优势，而不是让他们去解读复杂的文字。例如，乌江榨菜的广告语"三洗三榨"用简单的词汇传递了产品制作过程中细致的工艺，顾客能够迅速理解并感受到产品的高质量。

有观点

有观点的广告语不仅传递产品或品牌的核心价值，还能体现品牌独特的态度和立场，让用户通过广告语感受到品牌的个性和情感主张。广告语带有明确观点时，能够引发用户的情感共鸣，并在品牌与用户之间建立更深的联系。通过这种观点表达，品牌不再只是功能的代言，而成为生活方式、文化或情感的象征。

1. 品牌立场的明确表达

广告语应通过简洁有力的语言，表达品牌在某一方面的明确立场，突出品牌对某个行业、某种生活方式的看法。品牌可以通过观点性的广告语打破常规，让用户感受到品牌的态度，甚至引发共鸣。

"酸菜比鱼好吃"：太二酸菜鱼这句广告语表达了品牌对酸菜的独特看法，打破传统"鱼为主"的认知，强化了产品差异化。太二酸菜鱼通过这种反常规的表述，明确传递了品牌在味觉上的独到见解。

"不卖隔夜肉"：钱大妈这句广告语直接体现了品牌对新鲜食材的坚持和立场，通过明确的承诺，增强顾客对品牌的信任感，同时也形成了鲜明的差异化定位。

2. 生活方式的倡导

广告语可以通过表达一种独特的生活方式主张，让用户感受到品牌所传递的生活理念和价值。通过这样的观点表达，品牌不仅仅是功能的传递者，更是用户生活方式的倡导者，帮助用户找到认同感。

"家年轻，心就年轻"：CBD家居这句广告语通过倡导年轻心态的生活方式，将家居产品与"年轻"这个情感需求联系起来，传递了品牌对用户积极生活态度的支持。它不仅强调了家居产品，还强调了生活方式的选择。

"家有宝贝，就吃西贝"：通过关注家庭生活与健康饮食，西贝倡导了一种关爱家庭和注重健康的生活方式，表达出品牌对健康食品的责任感和对顾客家庭的关怀。

3. 文化传承与历史积淀

品牌通过表达对历史、文化或传统的尊重和传承，可以增强其文化价值感，并借此建立起深厚的品牌形象。这类广告语往往通过传递品牌的历史或文化背景，来引发用户的情感共鸣。

"你能听到的历史136年，你能看到的历史174年，你能品味的历史440年"：国窖1573这句广告语通过强调品牌历史的厚重感，传递出文化传承和匠心精神，体现了品牌对时间和品质的坚守，赋予了产品历史积淀的价值。

"天下三千年，五粮成玉液"：通过对古老历史的描述，五粮液不仅表达了品牌对传统的传承，也展现了品牌的文化深度和长期稳定的品质，这种观点性的表达增加了品牌的权威性和文化认同感。

4. 情感共鸣与人际关系

广告语可以通过传递品牌对爱情、友情、亲情等人际关系的观点，来建立与用户的情感连接。这种观点能够让用户在使用产品时，联想到与其生活相关的情感体验，增强品牌的情感价值。

"相逢，人生的机缘；相识，人生的财富；相知，人生的感动"：茅台迎宾酒这句广告语通过人生中的相遇、相识、相知三个情感阶段，表达了品牌对人际关系的重视，展现了茅台迎宾酒作为情感纽带的象征。

"做事要出于心，做人要出于情，品酒要出自真正的名门"：通过做人做事的哲理，茅台王子酒的广告语传递了一种情感和态度的平衡，让用户在品酒时感受到情感上的共鸣。

5.社会责任与生态观点

一些品牌通过广告语表达对自然、环保、健康等方面的社会责任感，展现了品牌的使命感和社会担当。这种广告语通过表达对环境、健康的关注，能够增强品牌的信任度，并吸引那些认同相同理念的用户。

"我们只是大自然的搬运工"：这句广告语不仅体现了品牌对自然的尊重和保护，也展现了企业的环保理念和责任感，传递出品牌对生态环保的坚持。

"装得下，世界就是你的"：爱华仕箱包通过赋予产品"装得下世界"的观点，不仅仅传递了产品容量的功能性，还表达了对用户梦想探索世界的鼓励，增强了品牌与用户的情感连接。

搜索资料的时候我们在网上看到了白酒行业一些不错的广告语，供大家参考：

- 洋河：世界上最宽广的是大海，最高远的是天空，最博大的是男人的情怀，洋河蓝色经典，男人的情怀。

- 金六福：好日子离不开它——金六福酒，中国人的福酒。
- 沱牌：悠悠岁月酒 滴滴沱牌情。
- 舍得酒：智慧人生 品味舍得。
- 舍得酒：人生舍得道，乾坤珍酿中。
- 杏花村酒：借问酒家何处有，牧童遥指杏花村。
- 劲酒：劲酒虽好，可不要贪杯哦。
- 张弓酒：东西南北中，好酒在张弓。
- 孔府家酒：孔府家酒，让人想家。
- 孔府宴酒：喝孔府宴酒，做天下文章。
- 北京二锅头：二锅头，三百年，源自牛栏山里面，正宗二锅头地道北京味。
- 梨花老窖：酒到福到，梨花老窖。
- 伊犁特酒：伊犁特，英雄本色。
- 太白酒：一滴太白酒，十里草木香。
- 白云边：往事越千年，陈酿白云边。
- 大仓酒：喝北大仓酒，财神跟着走。

能传播

优秀的广告语都具有极强的传播性，它不仅仅是一句广告，更应该是能够自发在人群中流传的"口头禅"，形成口碑效应。广告语应做到让人过目不忘，耳熟能详，让用户在看到或听到后迅速理解并记住，同时具备触发用户情感共鸣的能力。

1. 口语化、易于记忆

广告语的设计应该简单易懂，采用口语化的表达，让用户感觉这就是他们日常生活中的一句话,降低记忆成本。广告语要像俗语一样易于复述,避免使用过于复杂的专业词汇或难以理解的表达方式。口语化的广告语可以迅速拉近品牌与用户之间的距离,让用户更愿意在日常交流中自然地提到这句话。

"我就喜欢":这句广告语简洁而直白,突出了顾客在享用麦当劳时的愉悦感受,并巧妙地融入了日常对话中。它不仅表达了对品牌味道的喜爱,还能在朋友聚会或社交场合中被自然提起,增强了品牌的传播力和情感连接。顾客在与他人交流时,自然会提到这句广告语,进而使麦当劳成为讨论的一部分。

"来了就是深圳人":用简单的口语化表达,传递了城市的包容性和归属感,容易让初到深圳的人产生情感共鸣,形成口碑传播。

2. 降低发现和记忆成本

广告语要让用户一目了然,无须费力就能理解和记住。这意味着广告语应设计得非常直接,并在短时间内传递出品牌的核心价值。广告语越短、越精准,用户就越容易捕捉到它的关键信息,同时降低他们的记忆成本,增加传播的可能性。

"JUST DO IT":这句广告语极为简洁,直接传递出品牌鼓励行动的核心价值,容易记忆和传播。短短三个单词,已经成为全球性的经典广告语。

"怕上火,喝王老吉":这句广告语通过直接指出消费者的需求点(防止上火),简明扼要地传递出王老吉凉茶的功能性,极具记忆点,且在消费者之间易于传播。

3. 降低购买决策和使用成本

优秀的广告语不仅要能推动用户的购买决策，还应当能通过塑造场景和体验，激发用户的购买冲动。广告语通过具体的场景描述或体验感受，能够立刻在用户在脑海中形成画面感，使其感受到产品如何融入他们的生活，从而降低决策成本和使用门槛。

"人头马一开，好事自然来"：广告语通过描绘打开人头马酒时带来的愉快氛围和期待感，创造了一个体验场景，促使消费者在特定场合选择该产品。

"营养还是蒸的好"：真功夫的广告语通过直接强调蒸的烹饪方式，强化了自身注重健康的形象。

4. 有情绪和态度，引发共鸣

有情绪和态度的广告语能更容易让用户产生情感共鸣。当用户在某个特定的情绪或情境下，发现广告语与他们的心情一致时，这种广告语就会自然而然地从他们口中说出来，形成传播。例如，当广告语能够反映某种生活哲理或情感时，用户不仅愿意记住它，还会在合适的场合与他人分享这句话。

"不走寻常路——美特斯邦威"：当用户需要做出勇敢的决定或面临人生转折点时，这句广告语能为他们提供心理支持，契合了某些情绪和语境，让人们在需要鼓励或表态时自然地使用它。

"你的能量超乎你想象"：这句广告语通过传播鼓励激发个人潜力的理念，给用户传递了自信和积极向上的情感，成为人们激励自己或他人的口头语。

5. 降低传达成本，便于口碑传播

广告语要便于用户主动传播，应避免复杂的概念或晦涩的表达，而是通过简单的语言直接触达用户内心。广告语不仅是品牌传递信息给用户的工具，还应设计成让用户自发地说给别人听的语言。简短、有力、带有情绪和态度的广告语能够让用户愿意在社交场合使用它，从而产生更大的传播效果。

"巴黎欧莱雅，你值得拥有"：广告语通过情感化的表达，让用户感受到自我价值，易于在社交场合中分享和传播，成为人们表达自信或赞美他人的口头禅。

"滴滴一下，马上出发"：这句广告语简洁直观，传递出便捷、快速的服务特性，让用户在生活场景中随时提及。简单易记的语言降低了传达成本，使得"滴滴一下"成为用户分享日常出行选择的常用语。

6. 增强情境契合度，贴近生活

广告语应贴近生活场景，能够自然融入用户的日常对话。当广告语能很好地契合某些生活场景时，用户就更容易在与他人交流时提到它，这不仅增强了广告语的传播属性，还能让品牌成为人们日常讨论的一部分。

"一年逛2次海澜之家，男人的衣柜"：这句广告语不仅通过数字强调了消费频率，还使品牌与"男人的衣柜"概念紧密结合，易于传播。

"格林涂料，面面俱到"：简单的语言表达了产品的多功能性，贴合用户在装修场景中的实际需求，容易在口口相传中被引用。

讲好品牌故事的 7 种方法

品牌故事是品牌与用户建立情感连接的重要工具。好的品牌故事不仅能够展示品牌的核心卖点，还能够通过情感共鸣激发用户的购买欲望。故事讲得好，营销就成了一半。一个精心打造的品牌故事能够吸引用户、引发共鸣，并最终促成购买行动。

讲好品牌故事的 7 种方法如图 7-3 所示。

图 7-3

体现卖点

品牌故事的核心应该围绕品牌或产品的独特卖点展开。通过讲述品牌的故事，可以让用户明确品牌的差异化优势。故事中的产品或服务需要以某种形式切中用户的痛点或满足其需求，从而使卖点自然地融入叙述中。品牌故事通过讲述产品的使用场景、效果或创新，能够让用户产生情感共鸣的同时了解产品的实际价值。比如，华为的品牌故事围绕其技术创新展开。华为通过讲述其在科技领域的坚持和创新，展示了自身技术实力全球领先的地位，让用户感受到华为的雄厚实力。

描写情节

一个好的品牌故事需要生动的情节描述，以确保故事能产生吸引力并引发兴趣。情节可以包括品牌的创立背景、品牌的成长历程、产品的开发过程或使用场景。通过有趣或感人的情节，品牌能够让用户身临其境，进一步理解品牌的内涵。情节化的描述可以让品牌故事更具戏剧性，也能够增强其可传播性。比如，老干妈的故事可以讲述创始人陶华碧从一个普通的餐馆老板到建立调味品帝国的历程。通过描述她如何坚持传统工艺、走过艰难的创业道路，可以增强品牌的亲和力和励志性，让消费者对品牌产生更强的情感连接。

传递价值观

品牌故事应传递品牌的核心价值观，与用户的个人价值观产生共鸣。通过故事传达品牌的文化、使命和社会责任，能够使用户与品牌建立情感连接。品牌的价值观可以通过故事中的人物、行为和品牌决策展现出来，从而传递品牌所代表的理念或态度。比如，褚橙的品牌故事传递了"奋斗不息、永不放弃"的励志精神。褚橙的创始人褚时健经历了人生的巨大起伏，从企业家的巅峰到坠入低谷，在晚年重新创业，种植出褚橙。他的故事不仅仅是关于种橙子的成功，更是关于如何在人生低谷中重新崛起，最终实现精神的传承。

利用冲突

故事中的冲突和冲突的解决可以为品牌故事增添戏剧性和吸引力。通过描述品牌面临的挑战或产品克服的技术难题，品牌故事能够展示品牌的创新、坚韧和远见。冲突使故事更具张力，解决过程则展示了品牌的独特能力，让用户对品牌产生敬佩和信任。

唤醒情怀

品牌故事应该唤醒用户内心深处的情怀，尤其是与品牌相关的怀旧感或文化认同感。通过讲述与文化、传统或人文价值相关的故事，品牌能够引发用户的情感共鸣。故事可以通过描述产品如何与传统文化、家庭情感或历史记忆相关联，来唤醒用户对某种情怀的向往。比如，泸州老窖的品牌故事可以通过讲述其悠久的酿酒历史，展示中华传统酿酒文化的传承与创新，唤醒用户对传统文化的尊重与认同，以此传达品牌对匠心精神的坚守，引发消费者对"老味道"的情感认同。

勾起情绪

品牌故事应通过描述激发用户的情绪反应。无论是通过感人的故事、励志的情节，还是幽默风趣的叙述，品牌故事都应该让用户在情感上有所触动。这种情绪的引发能够加深用户对品牌的记忆，让品牌形象更加生动。比如，鸿星尔克在 2021 年河南水灾期间低调捐赠大量物资，尽管品牌自身面临资金压力，却未进行宣传。这一无私举动被网友自发曝光，迅速点燃了大众的爱国情怀和对国产品牌的支持，形成"野性消费"现象。鸿星尔克的默默奉献打动了用户，品牌形象瞬间升华为国货担当，带来了情感共鸣和大量关注，短期内销量暴涨，品牌价值也因此大幅提升。

激发行动

一个好的品牌故事不仅应打动用户，还应激发用户采取行动。品牌可以通过故事中的情节设计、价值传递和情感激发，促使用户做出购买、参与或支持的决策。故事最终应当引导用户意识到品牌或产品是他们生活中不可或缺的一部分，从而促使他们购买或与品牌互动。比如，江小白的品牌故事通过其"表达自己"的口号，讲述年轻人在快节奏生活中表达自我的渴望。通过故事中的情感表达场景，江小白将自身定位为一种帮助用户在朋友聚会或独处时释放情绪、表达内心的载体。这种情感故事使得用户在购买江小白时，不仅仅是购买一款酒，更是购买了一种情感表达的方式，激发了他们的购买欲望和品牌忠诚度。

情绪爆品
从0到1实战手册

第四篇
情绪爆品的设计与展示

Chapter 8　包装设计：视觉冲击力，提升产品吸引力

Chapter 9　产品销售渠道：线上线下无缝衔接的渠道策略

Chapter 8
包装设计：视觉冲击力，提升产品吸引力

视觉语言是一种交流形式，它能作为非正式的书面语言有效传达品牌内核。产品包装能吸引眼球，就能促进消费决策。有研究发现消费品的外包装决定了用户购买决策的 40% 以上，因此一款好的包装设计对于一个新产品来说至关重要。

设计包装之前先要了解产品的 12 种基础属性

凸显产品属性是指根据产品的功能和品牌发展阶段，通过设计、包装和语言展示产品的核心特性，使用户快速感知产品的独特优势。做产品不考虑产品属性就是闭门造车，不同阶段的品牌需要凸显的属性不同，不同职能的产品包装需要凸显的属性也不同（见图 8-1）。

品牌属性

包装设计应当清晰地传递品牌的核心价值和品牌形象，使用户能够在众多产品中快速辨认出品牌。通过统一的视觉元素（如标识、颜色、字体等），强化品牌认知，增强品牌与用户的

情感连接。比如，百雀羚的包装通过复古风格和统一色调，传递其"草本护肤"的品牌理念，凸显自然与健康的品牌属性。

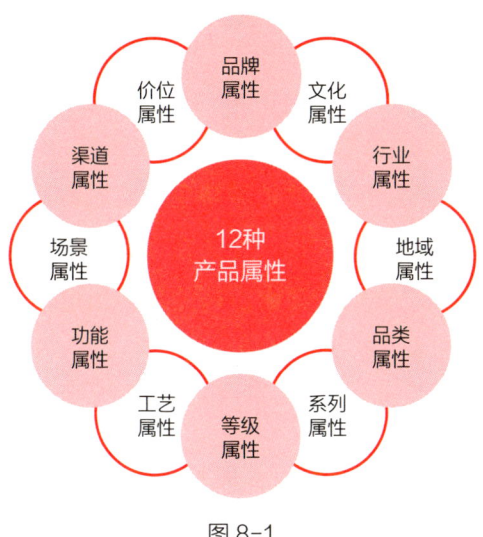

图 8-1

文化属性

品牌文化在包装设计中也应该得到体现。通过与品牌或产品相关的文化符号、俗语概念、设计元素，传递品牌背后的文化内涵。这种文化属性能够与用户产生情感共鸣，尤其是在民族、历史或特定文化圈层内，文化属性设计更容易打动用户。比如，茅台酒的包装融入了中国传统文化中的飞天形象、书法和传统瓶形设计，传递出品牌的文化底蕴和历史传承。

行业属性

包装设计要符合产品所处行业的行业标准，使用户能够快速识别出产品属于哪个行业。行业属性的凸显不仅有助于用户区分产品，还能增强产品在其行业中的权威性。比如，德芙巧克力的包装通过柔和的曲线和丝滑的质感，体现其在巧克力行业中的高端地位，传递出甜美与享受的行业属性。

地域属性

地域属性通过包装设计中的色彩、符号、文字等来表现，能够让用户快速感知产品的地域特色。地域属性的设计有助于加强产品与用户的情感连接，尤其在强调地方特产或文化背景时显得尤为重要。比如，云南白药的包装通过使用云南传统民族花纹和药草图案，彰显产品的地域特色。

品类属性

包装设计应明确体现产品所属的品类，帮助用户在琳琅满目的商品中迅速辨认出产品的类型。品类属性的凸显可以用形状、图案、颜色或标识来实现，使用户在视觉上直观地感受到产品的核心功能和特点。比如，王老吉的包装采用经典的红色罐装设计，结合黄色字体和草本植物图案，清晰地传递出其"凉茶"的品类属性，让用户一眼就能识别出这是清热解毒的饮品。

系列属性

当品牌推出产品系列时，包装设计应当统一风格并体现系列属性，使用户能够一眼辨别同一系列的产品。可以通过色调、形状、图案的一致性，传递系列的关联性，同时也可以区分不同的子品类或功能。比如，阿玛尼香水的不同香型系列虽然瓶身颜色不同，但整体设计风格一致，形成了一个完整的系列形象，让用户能够轻松识别属于同一品牌系列的不同香水。

等级属性

对于某些产品，尤其是奢侈品或食品，等级属性至关重要。包装设计应通过材质、细节设计、色彩等来突出产品的档次和价值感，让用户感受到其独特的品质和高端性。比如，五粮液的高端系列产品通过精致的瓶型设计、金色浮雕以及奢华的包装盒，清晰表达出其顶级白酒的等级属性，突出其与普通白酒的区别。

工艺属性

包装设计可以展示产品的工艺特色，让用户通过包装了解产品的制作过程或独特工艺。这种属性常见于手工制品、传统工艺品或高科技产品，通过细节设计或材质展示工艺的复杂性和独特性。比如，龙井茶的包装设计通常会融入竹编元素，或者在包装上印制手工采摘的图案，展示其制茶的传统工艺。

功能属性

包装设计应突出产品的功能特点，让用户在视觉上直观感受到产品的实际用途。通过具体的图示、文字描述或功能图解，可以快速传达产品的独特功能，帮助用户做出购买决策。比如，奥妙洗衣液的包装通常会在显眼位置展示其"去渍强力配方"或"快速溶解"的功能特点，并搭配具体的污渍对比图示，让用户清晰地感知产品的功能属性。

场景属性

做包装设计时，可以根据产品的使用场景来进行专门的视觉设计，突出产品在特定场景中的应用。通过场景化的设计，能够让用户更好地联想到产品的使用体验。比如，露露杏仁露的包装设计常融入温馨的早餐场景，传递出其适合在早餐时段饮用的特点，帮助用户将产品与实际的消费场景联系起来。

渠道属性

某些产品可能会通过不同的销售渠道出售，如线上、线下、批发零售等，不同的渠道可能需要不同的包装设计，以适应特定用户的需求和购买场景。针对渠道属性的设计包括优化包装尺寸、材料以及信息展示，以适应不同的流通需求。比如，零食包装在线下便利店要放到货架上，因此要设计成小袋包装；在山姆会员店要设计成大袋家庭装；在淘宝要设计成具有独特视觉特点的零食大礼包；在直播间要设计成主播的"提词器"，便于主播口播宣传。

价位属性

包装设计应与产品的价格定位相符合，高端产品的包装设计通常会使用更加高档的材料和精细的工艺，以凸显产品的价值感；而大众化产品则更倾向于简约、实用的包装设计，传递出性价比高的特点。比如，小罐茶用高档金属罐装设计和简洁奢华的外包装，凸显了其高端茶叶的市场定位，与其高价位相呼应。

6 类主流人群的偏好与设计策略

在如今的消费市场中，不同群体的需求和喜好逐渐细分，品牌必须针对这些多样化的消费群体做出精确的定位和设计。我们根据多年的实战经验和总结，最终将市场上主流的消费群体划分为 6 类（见图 8-2），每一类人群都有其独特的偏好和需求，这些特点深刻影响了他们对产品和品牌的选择。通过了解和满足这些不同群体的偏好，品牌能够更好地与目标用户建立情感连接，增强品牌的吸引力和市场竞争力。

图 8-2

爱美人群

典型的"颜值派"，追求美的内外统一，注重产品与其审美的契合。

包装设计需求

- 美学与质感：爱美人群注重包装设计的美感，倾向于高颜值的外观，设计应注重精致与独特的视觉效果，颜色、材质要富有质感。
- 时尚与潮流：他们希望包装能够体现当前的设计趋势，拥有简洁时尚的线条、流行的配色和独特的造型。
- 高级感：通过设计突出产品的奢华感或独特性，更容易吸引他们的注意。

比如，完美日记美妆产品的包装设计注重细腻的视觉效果，运用流行元素和时尚配色，满足爱美人群对高颜值包装的追求。

母婴人群

注重家庭的陪伴和亲子互动，关心产品的安全性和可靠性，特别关注包装能否传递信任感。

包装设计需求

- 安全性与可靠性：包装必须显得安全可信，标明产品的安全认证、成分说明等，增强信任感。材质应无毒无害，符合母婴使用标准。
- 温馨与亲和力：母婴人群喜欢温馨、柔和的设计风格，包装应使用柔和的色彩（如粉色、淡蓝色）和卡通图案，增强与家庭的情感连接。
- 便捷与实用：包装设计应易于开合、使用方便，同时考虑母婴用品的便携性和存储的便捷性。

比如，贝因美的包装设计采用柔和色调和可爱卡通形象，体现亲子互动的温馨，并标注了详细的安全认证信息，强化了信任感。

健康人群

爱社交、爱出行，关注养生与健身，对产品功能和性能的要求较高。

包装设计需求

- 功能性与便携性：运动人群需要包装设计易于携带、使用方便，尤其是运动饮料、补给产品等，包装应具有便携性、抗摔性和防漏设计。
- 专业与健康形象：包装设计要能直接体现产品的功能性，突出健康属性和产品的专业性，让用户明确产品的功效。
- 动感与活力：色彩和图案设计应充满活力，使用强烈的对比色或亮色调来表达。

比如，喜力得运动饮料的包装采用便携设计，强调防滑功能，色彩鲜明，包装上突出健康补水的功能，符合运动人群的需求。

潮玩人群

对新鲜事物容易"种草"，喜欢尝试和收集"限量款"，在日常生活中有更多更细分的需求，他们注重包装的互动性和趣味性。

包装设计需求

- 创意与趣味性：潮玩人群喜爱具有独特创意的包装设计，特别是包装要能让他们在开封中体验惊喜和乐趣，或者用图案设计展现故事感。

- 互动性与收藏价值：包装设计可以加入互动元素，如AR互动、拼装、拆解等形式，增强用户的参与感，并具备一定的收藏价值。

- 限量版与联名款：潮玩人群青睐限量款或与流行文化联名的包装设计，这种设计会提升他们的购买欲望和归属感。

比如，泡泡玛特的盲盒系列包装，凭借独特的开箱体验和收藏性设计吸引了潮玩人群。包装的互动性极强，且经常推出限量联名款。

吃货人群

他们坚守经典同时追求新鲜体验，热衷于探索美食世界，注重包装能否激发食欲和好奇心。

包装设计需求

- 食欲激发：包装设计应能够通过颜色、图片等元素直接刺激吃货的食欲，使用高饱和度的色彩和诱人的食物图片能有效吸引吃货群体。

- 新潮与创新：吃货人群喜欢尝试新口味和新形式的食品，包装设计可以通过创新造型、口味提示等方式表现产品的独特性。

- 故事感与情怀：许多吃货群体钟爱那些带有情怀故事的食品，包装设计可以结合传统文化或产品的历史背景，激发他们的好奇心和情感共鸣。

比如，汉口二厂通过复古港风插画与霓虹灯元素包装设计，精准唤起年轻吃货的怀旧情怀。其包装上的手绘水果图案与撞色设计，在便利店冰柜中极具辨识度，契合年轻人"打卡＋尝鲜"的社交需求，成功将传统饮品转化为网红爆款。

品质生活人群

爱宠物，秉持精致生活态度，注重生活的品质感和仪式感，注重包装的情调和身份感。

包装设计需求

- 高端与精致感：品质生活人群注重包装的材质和工艺，设计应采用高档材料（如皮质、玻璃、金属等），传达出奢华和品质感。
- 仪式感与细节：包装设计应注重细节，通过复杂的工艺和精美的设计元素（如烫金、雕刻等），让用户感受到产品的独特。
- 身份感与情调：包装不仅要美观，还应具备象征意义，能够传递用户的品位和生活态度。设计应体现出产品的稀缺性或限量感，增强用户的身份认同感。

比如，茅台的高端酒类包装通过奢华的礼盒设计、精细的工艺、雕刻的细节，传递出其品质感，满足了品质生活人群的仪式感需求。

包装设计应该解决的两大核心问题

传统设计公司认为包装的几大要素是：色彩、造型、版式、材质、结构。在我们看来这些都是表象，因为所有包装都具备这些要素，但并非所有包装都是好包装。激活正向情绪的才是爆品包装。这样的包装可以瞬间震撼心灵，进入潜意识，让用户获得产品之外的惊喜感，会心一笑，心生喜爱，不断玩味，不知不觉想要为之买单。这样的包装解决了以下两个问题。

创造新鲜感

互动体验最直接的作用是通过创新设计为用户带来新鲜感。新鲜感不仅可以让用户对产品和品牌产生好奇心和探索欲望，还能够在信息过载的消费环境中，让产品在货架上脱颖而出。通过与包装的互动，用户能获得与众不同的体验，进而增强对产品的记忆和对品牌的关注度。

新鲜感的核心在于创新和惊喜，通过创造独特的互动方式，如开封体验、DIY 设计、限量版收藏、AR 互动等形式，让用户在与产品的接触过程中感到惊喜，超出他们的预期，满足他们探索与发现的欲望。具有新鲜感的互动体验会激发用户分享的欲望，从而产生更大的传播效应。比如，Kinder 奇趣蛋用隐藏玩具的形式带来了新奇体验，用户在拆开蛋时充满了期待，既满足了味觉享受，隐藏的惊喜又带来了乐趣。而元气森林通过极简的日式风格包装设计和清新的视觉效果，为用户带来了与市场上其他饮品不同的新鲜感。

营造信任感

信任感是用户对品牌和产品的安全性、可靠性和有效性的核心要求。通过包装的互动设计，品牌可以向用户传达出透明、可信赖的信息，建立与用户的深层次信任关系。信任感的关键在于安全性、功能性和透明度。

当包装设计能够有效地传递产品的品质、功效和品牌承诺时，用户会更愿意与品牌产生长期的关联。互动体验可以借助包装材质的质量、设计的细节、品牌背书信息等要素来实现，从而增加用户对产品的信任感。此外，环保材料、详细的产品信息展示、可追溯的生产流程等，也能进一步增强用户的信任感。比如，农夫山泉的透明瓶身设计以及溯源系统让用户在饮用时不仅享受口感，还能增强对品牌水源纯净性的信任度。

情绪爆品的重点：打造互动体验的 8 种方法

在打造互动体验时，需要注意以下两点核心原则，以提升用户对品牌的深度认知并增强情感连接。

感知立体化，通过嫁接、改造和跨界使用等多种手段，对包装设计、互动体验和信息传达进行多维度的演绎，为用户塑造立体化的感知体验。立体化感知不仅仅是视觉上的吸引，还应该涉及触觉、听觉甚至嗅觉等感官的多重刺激。通过这种多感官融合的方式，用户能够对产品产生更为深刻的认知与体验。

体验趣味化，有趣比直接更重要，有情感比功能强大更重要。打造互动体验的 8 种方法如图 8-3 所示。

图 8-3

情绪点打造

不要所有人微笑，只要买的人尖叫

有趣比简洁更重要，激情四射比功能强大更重要。设计包装就像导演电影，要的是掌控情节的起伏、转折、高潮，让用户沉浸上瘾，无法自拔。在品牌包装和互动体验中，情绪点的打造并不在于取悦所有人，而是要精准地拨动目标群体的心弦，触发他们的情感共鸣。通过深刻理解目标受众的需求和情感偏好，品牌可以有针对性地塑造打动他们内心的情绪点，使品牌更具吸引力。

1. 理解目标群体的情感需求

不同的用户群体有着各自独特的情感需求。品牌需要通过市场调研、社群分析等手段，深入了解他们的兴趣点、文化背景、生活方式以及内在的情感诉求。只有深入理解目标群体的情感需求，才能为他们提供能引发情感共鸣的设计和体验。

- 年轻群体：更注重自由、个性和自我表达，品牌可以用有张力、个性化的元素来打动他们。
- 母婴群体：更注重安全、信任和关爱，品牌可以用温馨的色调、柔和的线条设计以及传递关怀的信息来唤起他们的信任感。

2. 专注于引发特定情感共鸣

情绪点的打造应该集中在目标群体最敏感和最在意的情感领域。品牌可以通过视觉元素、故事叙述、文化符号等，强化目标用户的特定情绪，如归属感、怀旧感或安全感。

- 怀旧情感：许多品牌通过加入经典设计元素或历史文化符号来激发用户的怀旧情感。例如，采用复古风的包装或传统工艺的展示可以让用户感受到熟悉且温暖的情绪。
- 幸福与愉悦：通过明亮的色彩和愉悦的设计传递快乐和满足感，让目标用户在接触产品时产生积极的情感反应。

3. 精细化情感表达，拒绝过度设计

情绪点的打造不需要过度设计或试图涵盖太多感官和情感，而是要精细化表达，抓住目标群体的核心情感需求。简单而深刻的情感传递往往更加打动人心，要避免复杂和凌乱的设计干扰情感共鸣。

- 简洁的情感语言：用简单而有力的语言或视觉符号传递品牌情感。例如，一句简洁有力的广告语或一句充满温情的品牌承诺，能够迅速唤起目标群体的共鸣。

4. 聚焦情感细分

不同人群对情绪的敏感度不同，品牌可以借助细分策略，聚焦特定的细微情感差异来引发共鸣。例如，一款专注于家庭的品牌可以通过强化"家庭温暖"的情感，针对那些重视家庭氛围和亲情的人群，而不必试图覆盖所有可能的用户。

文化源打造

符合文化认知，生命力才更持久

营销常被人说是说服的艺术，说服的过程本身也是认知塑造的过程，但是在说服当中，如果"销"的意图比较明显，认知焦点突出，消费者就会产生防备心理，让认知塑造效果大打折扣。

消除防备最简单的方法是：提供两个"意图"，一个明显的意图，一个隐藏的意图。可以学着把对方的认知焦点放在隐藏的意图里。最容易潜移默化地影响用户认知的意图来自文化和用户本身已有的认知记忆。

1. 文化背景的挖掘与传承

- 深入挖掘品牌所在的文化背景：品牌设计中的文化源研

究，首先要从品牌所属的文化圈出发，了解该文化背景中的符号、历史、故事、习俗等内容。通过深入挖掘品牌所在地域、历史、社会背景，品牌可以从中提取具有象征意义的元素。比如，摇滚动物园借助沉淀在大众心智中的影像记忆，推出了映像香氛系列护手霜，灵感来源于电影《这个杀手不太冷》《重庆森林》和《低俗小说》，巧妙地汲取了片中元素，作为包装和香氛气味的灵感源泉。

- 从文化中提炼品牌精神：品牌的设计和故事背景应与其所代表的文化精神相呼应。例如，新锐香水品牌黑爪将传统文化的价值意义转移到自家的产品系列上。系列下的产品命名则以"山居""陋室""笔墨""纸砚"为主题，每个名字都切中了《归田园居》里描绘的场景。

2. 全球化与本地化的结合

- 本地文化与全球化趋势的融合：在全球化背景下，品牌需要平衡全球化与本地化之间的关系。品牌设计中的文化源研究可以帮助品牌在全球市场保持本地化特征，同时融入全球文化潮流，形成独特的品牌形象。例如，星巴克通过结合全球咖啡文化与本地市场的风俗文化，成功打入各地市场。它在中国市场融入了中国的文化元素，如茶饮系列的推出，体现了品牌对中国饮茶文化的尊重和理解。

- 尊重不同文化中的差异：在跨文化设计中，品牌需要注意文化源中的差异性。不同的文化对颜色、符号、形象的理解可能截然不同。因此，在设计品牌形象时，要确保不会在某些文化中产生负面的联想。例如，红色在中国文化中代表喜庆与好运，但在某些西方国家则可能被视为危险和警告。通过对文化源的研究，品牌能够避免文化误区，提高设计的普适性。

3. 文化故事的视觉化表达

- 将文化故事转化为设计语言：品牌可以通过设计使文化故事形象化。文化源中的故事、神话、历史人物等，都可以成为品牌设计中的重要符号。例如，一些饮品品牌会以神话故事中的人物为原型设计包装和广告，以此增强品牌的文化厚重感。

- 文化符号的象征意义：在文化源研究中，符号的象征意义尤为重要。通过对文化符号的提炼和应用，品牌可以通过设计传达文化意图。例如，日本文化中的传统图案，如樱花、富士山等，往往会在许多日本品牌中以不同方式体现，这些符号不仅传递了日本文化的特质，还让品牌在全球市场具备独特的辨识度。

4. 用户文化认同感的强化

- 增强用户的文化认同：通过文化源的研究，品牌设计可以更好地与目标用户的文化背景产生共鸣。用户购买品牌产品不仅是在购买产品功能，也是在寻找文化认同和情感共鸣。通过融入本地文化符号和元素，品牌能够使用户在消费过程中产生身份认同感和文化归属感，进而增强与用户的情感连接。
- 构建品牌的文化附加值：文化源研究不仅让品牌具备商业价值，还赋予其文化附加值。通过讲述文化故事、传递文化精神，品牌能将自身从单纯的商品提升为文化符号。用户在选择品牌时，不仅会被产品本身吸引，还会因为其背后的文化内涵和价值观而与之建立更强的情感连接。

情景/场景打造

要么抢占情景/场景，要么重塑情景/场景

在品牌营销中，情景/场景的打造至关重要，它能够帮助品牌进入用户的日常生活，甚至引导和改变他们的消费习惯。抢占或重塑一个场景/情景，就是让品牌和产品成为场景/情景中不可缺少的一个环节或道具，让用户每次接触这样的场景/情景都会想起该品牌。场景是空间概念，如学校、办公室、餐厅、产业园等；情景是事件概念，如端午送礼、过年送礼、开业典礼、求婚、第一次见父母、困了累了等。

1.抢占情景/场景

抢占情景/场景就是找到一个利于用户感知、利于产品销售的情景/场景，将产品与之嫁接在一起、绑定在一起、链接在一起、融合在一起，让用户一旦接触到这个情景/场景就想起你的产品，让情景/场景和产品互为代言，在用户脑中"注册"，让产品成为这一情景/场景下的首选。

- 锁定特定时间或场合：品牌可以通过关联特定的时间段、

场合或活动，让用户形成使用习惯。

"早上第一杯水"是长白甘泉的定位策略，希望通过抢占这个日常生活中的关键时刻开辟出属于自己的市场。

- 关联特定情感或需求：情景也可以与情感、需求相关联。例如，咖啡品牌可以抢占"困倦、提神"的情景，让产品成为提升精神状态的首选。

红牛成功地将自身与"提神、能量补充"关联起来，用户在需要精神集中或疲惫时，自然而然地想到红牛，形成了固定的消费情景。

2. 重塑情景/场景

重塑情景/场景则是通过改变或创造使用情景/场景，让用户获得新的体验感知并沉浸其中，或改变用户对现有情景/场景的认知。通过对情景/场景的重塑，品牌可以为用户提供新的解决方案或体验，打破传统的使用方式，开拓新的市场机会。

- 重新定义使用场景：通过产品创新，替代这个场景的其他产品，改变用户的习惯。比如，奶茶的出现就会替代饮料。

立白通过不断创新产品形态，从传统的洗衣粉到洗衣液，再到如今的洗衣凝珠，逐步引导用户改变洗衣方式，重塑了洗衣的使用场景。原本，消费者习惯使用洗衣粉，但洗衣粉在溶解度和残留方面存在不足。立白推出的洗衣液以更容易溶解、低温有效去污等优点，替代了洗衣粉，提升了洗衣体验。

如今，立白再次推出了洗衣凝珠，这种产品更为便捷，只需一颗便能解决定量洗衣问题，不需要测量剂量或担心过量使用。洗衣凝珠的推出进一步优化了用户的洗衣体验，使得洗衣场景更加简单、便捷、高效。通过这一系列产品的升级，立白成功推动了洗衣场景的演变，从传统的用洗衣粉洗衣，逐渐过渡到智能化、自动化的便捷洗衣方式。

- 重新定义使用情景：除了物理场景，品牌还可以对某个情景提供全新的解决方案，抢占当下市场。

江小白通过创新小瓶白酒的形态，打破了白酒只能在正式场合或家庭聚会中饮用的传统，将白酒带入年轻人的日常聚会、社交场合，重新定义了白酒的饮用情景。通过包装设计和文案"一个人也可以小酌"，江小白成功将白酒饮用情景从聚会扩展到日常生活中的多个休闲情景，改变了用户的使用习惯。

3. 加强情景/场景的视觉和符号化表达

为了抢占或重塑情景/场景，品牌需要通过视觉设计、广告语、故事等手段，将特定的情景/场景与产品进行符号化的连接。这将帮助用户在情景/场景中迅速联想到品牌，增强用户黏性。

- 视觉符号化：通过色彩、形状、符号等设计元素，强化与特定情景/场景的关联。例如，厨邦酱油的绿白色格子让人联想到厨房的桌布，帮助产品与"厨房"这一场景形成紧密联系。

- 故事化情景：通过故事或者广告中的人物与情景，展现产品在特定场合下的使用，让消费者感到亲切和共鸣。例如，早餐场景中的广告会展示家庭聚餐、健康生活等温馨场面，唤起用户的美好联想。

4. 占据"情景/场景差异点"

当消费者已经有了某种固定的情景/场景使用习惯，品牌就可以通过挖掘情景/场景中的差异点来进行突破。例如，不同于早晨喝水的"清醒健康"情景，品牌可以转而抢占"运动后补水"或"工作中提神"这样有差异化的情景，避开与强势品牌的正面竞争。

品类箱打造

品类箱打造是指在创造新的品类后，通过产品设计、包装设计和品牌表达，确保新产品能够清晰传达这一品类的核心理念，并与市场形成明确的区隔。品类箱的打造不仅要确保产品能够明确表达品类相关性，还要具备独特性和未来延展的统一性，以此巩固新创建的品类在用户心智中的地位。

在新品类创建后，产品设计应遵循以下三个核心规则：相关性、独特性和统一性。

1. 相关性

相关性意味着产品的设计、包装和视觉表达要与新品类紧密相连，使用户一眼就能理解产品所属的品类，并快速建立品类与产品的关联。通过相关性的强化，品牌能够清晰传达自己在新类别中的独特定位和价值主张。

- 传达品类信息：新品类的核心特质必须通过产品包装直接体现出来，确保用户能够快速识别该品类。例如，咖啡产品可以通过强调"新鲜度"的包装设计强化其作为"新鲜咖啡"的新品类形象。隅田川咖啡通过在包装上突出"鲜"字，清晰地传达了其作为新鲜咖啡的品类特征，强化了消费者的认知。
- 传达品类价值：新品类的创造往往伴随着独特的价值主张，产品设计需要围绕这一价值展开。包装、形态和设计元素应有助于强化品类的核心理念。例如，打造健康零食品类的品牌，包装设计应突出"低卡""健康"等关键词，通过视觉符号传递产品的核心品类定位。

2. 独特性

独特性在新品类的产品设计中尤为重要，因为品牌不仅要表达与品类的相关性，还要通过独特的设计使产品在市场中脱颖而出。作为新类别的创造者，品牌需要跳出已有的设计思维，通过创新的产品形态、包装形式或材料，凸显品类的创新性和与众不同。

- 创新产品形态：既然创造了新品类，产品的形态也应该打破市场常规。例如，WiMo葡刻通过将传统瓶装红酒改为易拉罐包装，打破了葡萄酒一贯高端、正式的形象，创造了适合年轻消费者的新消费场景，突显了其创新性。
- 独特的包装语言：产品包装的设计应具备强烈的视觉冲击力，以表现新品类的独特之处。包装上的色彩、图形、字体等都应该传达品牌创造新品类的意图。例如，环保类产品可以通过可持续材料和简约设计表达其核心理念，而不只是简单地延续传统的包装形式。

3. 统一性

统一性确保品牌在未来产品线延展中保持一致性，使品牌符号系统和产品设计能够相辅相成。品类箱的打造不仅限于单个产品的设计，还要考虑到未来产品的延展和不同场景中的一致表现，形成一个系统化的视觉和品牌语言，帮助用户在不同产品和场景中都能识别品牌的核心价值。

- 产品延展中的一致性：品牌未来推出的每一个新产品都要与品类的核心理念保持一致，不论是视觉设计还是产品形态，都应符合品牌所定义的新品类。例如，某个品牌若在健康食品领域开创了新品类，那么后续推出的产品无论是饼干、饮料还是零食，都要保持"健康""低卡"的统一设计语言。
- 跨场景一致性：品牌不仅要在产品设计中保持统一性，还应在不同的场景和媒介推广中维持一致的品类表达。例如，线上广告、线下包装、社交媒体推广等都要延续品牌核心的品类定位，确保用户在每一个接触点都能感知到品牌的统一品类特质。

卖点打造

卖点的强度决定势能的强度。卖点打造的关键不是夸张的渲染，而是如何通过简洁、直观的方式让用户快速理解产品的核心价值。根据品牌和产品的卖点抢占那个"最相关、最直接、最熟悉的视觉表现",通过视觉将卖点"翻译"出来,让用户瞬间明白产品的优势,从而激发购买动机。

1. 拟物化设计

拟物化设计是通过把产品的卖点或特点转化为直观的、容易理解的物体或形象,帮助用户快速抓住产品的核心。通过这种设计,卖点不再是抽象的概念,而是用户可以直观感受到的具体内容。

- 直观传达产品功能:拟物化设计将产品的功能或优势通过物体形象地展现出来,让用户在视觉上直观感受到产品的特点。例如,一款润肤霜可以在包装设计上使用水滴、花瓣等元素,直接传达出产品的天然保湿功效。

比如,完美日记的动物眼影盘系列通过拟物化设计,成功地将产品的特点直观地传达给用户。每一款眼影盘都以特定的动物为主题,如小猪、猫咪、锦鲤等,这些动物的形象和颜色与眼影盘的配色相呼应,使用户在视觉上立即感知到产品的独特性和创意。

动物主题与眼影盘配色的结合:每一款动物眼影盘的设计不仅体现在外包装上,还延续到了内部的配色。例如,在斑虎主题的眼影盘中,眼影色调以老虎的浅褐色、金色、暖棕色为主,传递出热情、活力和时尚感。通过这样的拟物化设计,用户能直观感受到每个系列主题的特质。

包装设计的细节传递:在包装上,完美日记通过使用动物的形象，不仅吸引了用户的注意，还巧妙地传达了产品柔和、细腻、自然的特点。例如，猫咪主题眼影盘的设计传递出温暖、亲和的感觉，符合色调柔和的特点，令人产生购买欲望。

功能的视觉传递：通过拟物化设计，完美日记成功将动物的形象和眼影的色调、质感相融合，使用户在第一眼看到包装时就能感知到产品的功能和特色。这种设计不仅强化了品牌的视觉吸引力，也帮助产品在市场中脱颖而出，增强了用户的情感认同。

通过这种拟物化设计，完美日记的动物眼影盘系列成功传达了产品的核心功能和美学，吸引了大量年轻用户，提升了品牌的辨识度和市场竞争力。

- 让卖点具象化：通过拟物化设计使卖点视觉化，简化用户对产品卖点的理解。例如，一款主打健康无添加的果汁产品，可以通过设计成透明瓶身，让用户看到产品的纯净与天然，这种设计既具象化了"无添加"的卖点，也增强了用户的信任感。

悦诗风吟是一家主打天然成分的护肤品牌，其门店设计以绿色草本为主题，充分具象化了品牌的天然、环保卖点。悦诗风吟的门头通常覆盖着大量绿色的草或植物元素，让用户一眼就能感受到品牌与大自然的紧密联系。通过这种设计，悦诗风吟传递出"原料天然""健康环保"的品牌理念，强化了"纯净自然"的护肤效果。

这种门头设计不仅在视觉上吸引人，还让用户在进入店铺之前就能迅速理解品牌的核心卖点——天然、环保、无刺激。这种直观的视觉表达增强了用户的信任感和品牌认同，尤其是追求自然护肤体验的群体，很容易被悦诗风吟的门头所吸引。

2. 极简设计，聚焦卖点

有时候卖点的打造并不需要复杂的设计或冗长的解释，极简的设计能够帮助用户聚焦产品的核心优势。

- 简化信息传递：减少不必要的设计元素，让用户专注于卖点。例如，一款注重环保材料的产品，包装可以用简约的绿色色调和环保标志来传递其环保理念，避免冗长的文字介绍。

小米电子产品的包装采用极简风格，通过简洁的设计和直观的产品图片，清晰传递出产品的功能和科技感，让用户一目了然。

- 让卖点成为焦点：通过简化的文字或图形，直接突出产品的卖点。例如，一款手机可以只突出其"长续航"的卖点，在包装上以大字体标明"待机72小时"，这样让用户无须额外思考，就能瞬间理解产品优势。

OPPO的广告语"充电5分钟，通话2小时"，用极简的语言和直观的表达聚焦卖点，迅速传递出产品在快速补能方面的优势。

3. 卖点符号化

将卖点符号化是另一个有效的方式，通过固定的图形、符号或标志让用户快速识别产品特性。通过重复使用这些符号，品牌可以建立独特的卖点认知。

- 固定符号：将某个卖点用符号化的方式展示出来，用户每次看到这个符号就能联想到产品的核心优势。例如，食品包装上加入"0糖"或"低脂"的符号标识，让用户一眼看到卖点，省去阅读复杂成分表的麻烦。

农夫山泉的"天然水源"符号，让用户一看到就能立刻联想到其天然水的品牌定位。

- 重复强化卖点：通过持续使用某个符号、形象或标志，强化用户对品牌卖点的记忆。例如，无印良品的极简包装设计符号化了"简洁、无添加"的卖点，这种重复强化了品牌的核心理念。

4. 卖点互动化

在购买过程或使用过程中创造一个和卖点相关的互动环节，让卖点更具仪式感，也更容易被用户理解和记忆。

ROSEONLY通过"绑定身份证"的方式，使购买过程与"真爱唯一"的品牌理念紧密结合，使用户在购买过程中感受到真爱的庄重，与品牌在情感层面建立了深度连接，为后续的自发性传播埋下种子。

5. 为产品创造视觉卖点

当产品本身或品牌无法找到独特的卖点时，可以通过视觉上的创新为其嫁接一个无关但很特别的造型、色彩、格式、风格、标志性元素、俗语或观点概念。这种视觉符号能够迅速吸引用户的注意力，并在竞争激烈的市场中脱颖而出。通过创造新颖、独特的视觉卖点，即使产品功能相对普通，也能让用户记住并产生购买欲望。

好时巧克力的经典水滴形设计成了品牌的标志，让用户不仅品尝到了巧克力的美味，还实现了品牌在视觉上的高辨识度。

甲壳虫汽车以圆润可爱的外形设计成为汽车设计史上的经典。尽管功能与其他汽车类似，但这种独特的视觉设计成功赋予了产品独特的个性，让用户记忆深刻。

体验链打造

在产品设计与用户体验中，打造体验链的核心在于通过设计来优化用户的整个体验过程。体验过程中，并不是每个时间节点都决定用户的回忆和评价。根据诺贝尔奖得主丹尼尔·卡尼曼的"峰终定律"，用户的整体感受由两个关键时刻决定——体验的高峰时刻和结束时刻。只要在这两个时刻带来愉悦体验，即使整个过程并不完美，用户对整体体验的回忆依然会是正面的。比如，三只松鼠创新性地随产品附赠了开口器、湿巾纸等，让吃坚果的整个流程更爽。

- 高峰时刻：用户在使用产品时最愉悦的瞬间，往往是在产品功能实现或服务最出色时体现。品牌应该在用户与产品的接触点中增加和强化趣味的部分，让用户感到惊喜。例如，宜家用多样化的家具组合和高性价比的产品让用户在不同生活场景中获得高峰体验。

- 结束时刻：体验的最后一个环节往往决定了用户最终的感受。一个完美的结束会让用户对整个过程留下美好记忆。宜家在商场出口处提供超值的 1 元冰淇淋，让消费者在购物结束时扫除疲惫感，增强愉悦记忆。

体验链的全面设计：从始至终的感官和情感连接

（1）选定用户群体

选定用户群体涉及品牌为谁服务的问题，也就是用户定位的问题。

相比于传统运动品牌将男士运动作为主要目标市场，lululemon 另辟蹊径，以瑜伽运动为切口，瞄准那些 22 岁毕业、拥有一份很棒的工作，有自己的公寓和宠物，热衷于旅行、社交活动，并愿意为高品质买单的女性。到了 32 岁，步入婚姻期的她们可以根据自己的想法选择要不要孩子，并依旧确保自己的收入来源。创始人 Wlison 将这一细分人群称作"Super Girl"。

品牌创立之时，北美大学毕业生中女性的比例已经从之前的 20% 上升到 60%，受教育程度的提高，降低了女性的生育意愿，同时也提升了女性的平均收入，进而让这部分女性成为一个新的消费群体。

（2）选定起点和终点

lululemon 是一个 DTC 品牌，所有产品直接通过官方网站销售，很自然，对于大部分 Super Girls 来说，品牌官方网站是接触的起点。

另外，lululemon 是一个很注重社群维护的品牌，所以消费者的体验流程不是在产品售卖出去之后就结束了，而是可以延伸到售后在线下门店参与的社群活动：这才是 lululemon 体验流程的终点。

（3）梳理用户接触点

对于一次完整的品牌体验，理论上的用户接触点至少会有10个以上，要梳理得越细越好，用户接触点的梳理需要品牌深入洞察用户每次的购物和消费体验流程节点。

（4）绘制故事地图

故事地图将接触点用叙事的方式连接起来，重点是判断故事发生的先后顺序，以及设计出每个节点的故事主题和内容。

比如，用户进入 lululemon 的官网时，可以看到 lululemon 设计的广告文案和平面作品，更重要的是浏览产品详情。

在产品体验阶段，lululemon 的主打产品是设计出了适合女性做瑜伽时穿的瑜伽裤，也根据其他运动场景延伸至男士运动服装系列。

在线下门店体验阶段，lululemon 根据门店覆盖范围，在门店内举办相应的线上课程以及线下活动，这种基于爱好者而建立的社区营销方式尽管扩散范围有限，但却能俘获用户的心智。就连顺势推出的小程序也被命名为"热汗社区"，而且"热汗社区"每周都会在不同城市举办与瑜伽相关的社区活动。

（5）找到 MOT（关键时刻）

高峰时刻与结束时刻是优化客户体验最为关键的节点，直接决定了用户对于产品及服务的评价。根据体验流程图，找到正面感觉（一般、舒服、喜悦区域）的峰值体验点，分析每个节点，同时可以通过调查问卷或与用户进行深入沟通，记录用户认为整个过程中的重要时刻，即可以找到待优化的关键体验点。也需要根据品牌的实际情况，根据品牌成本控制及定位需求确定峰值关键点的取舍。另外，有些产品的峰值可能不止一处，可能多个接触点都值得被打造。

对于lululemon来说，其产品体验的MOT就是Super Girl身穿lululemon瑜伽裤出现在健身房的训练时刻。这时的用户体验会直接决定其对lululemon品牌的评价。

（6）找到负面体验点

寻找负面体验点时需要对用户的预期和实际体验有个预估，当两者出现落差的时候就会产生正面或负面的评价。

对于lululemon来说，关键时刻也是容易因为产品问题让用户产生负面体验的时刻。比如产品在瑜伽的不同体式下会不会因为面料的延展而变得透薄？运动时皮肤会不会感到瘙痒？

（7）上线测试，不断改进

上线测试，对比基础指标，了解用户转化率，协助改善优化。尤其是对负面体验点的提前改进可以有效避免负面情绪的产生，lululemon主要通过应用先进技术和设备避免了瑜伽裤可能在穿着中给用户练瑜伽带来的尴尬和问题点。

（8）体验链打造应注意的地方

在打造体验链时，除了高峰时刻和结束时刻的设计，还需要全面优化用户接触的每一个环节，确保用户从开始到结束都能获得流畅而愉悦的体验。体验链的打造应该注意以下几点。

- 行为引导与反馈：通过明确的设计引导用户采取正确的操作并及时反馈。例如，明确标示出产品打开的方向、礼盒的互动方式，都可以帮助用户感受到操作行为的有效性和产品的响应。

- 情感体验与超预期：在体验的高峰时刻或结束时刻引发用户的情感共鸣，可以通过增加小惊喜或独特的互动来强化用户的记忆。这一点可以学习泡泡玛特设置盲盒隐藏款的思路，隐藏款的出现一定是情理之中意料之外的，当用户拿到隐藏款的时候情感体验会大大超出之前的心理预期。

- 游戏化设计与成就感：在三顿半返航计划的游戏规则中，用户收集的空罐越多，能够兑换的周边礼品也就越多，所以有越多空罐的用户参与返航计划后成就感就会越高，再将兑换的周边礼品往朋友圈一晒，瞬间收获满满的荣耀感。

- 社群转化：良好的体验设计最好能将用户转化到品牌的社群中，通过品牌社群和个性化互动，增强用户的品牌归属感。代餐品牌 Smeal 在售后都有营养师在微信上一对一回复用户有关营养健康的问题，以一对一营养师的身份和用户建立朋友般的信任关系。此外，上文提到的 lululemon 以及完美日记等品牌都组建了自己的私域社群，来增强用户与品牌的连接。

五感打造

五感打造是一种通过调动视觉、听觉、触觉、嗅觉和味觉五种感官来提升用户体验的策略。通过整合五感，品牌不仅能全方位吸引用户的注意力，还能深入影响他们的情感和认知，使得用户与产品和品牌之间的互动更加立体、丰富和沉浸式。

1. 视觉：最直观的感官触达

视觉是用户接触产品的第一感官，品牌可以用颜色、形状、图案、排版等视觉元素给人不同的感受。以形状为例：方形代表静止、稳定、规整、坚固，圆形代表饱满、完整、稳定、光滑，三角形代表稳定、尖锐、敏感，云朵形状代表自由、亲和、运动、柔软。品牌可以利用用户的视觉感受迅速传达产品的价值与品牌形象。

- 色彩运用：品牌可以通过选择独特的颜色搭配强化产品卖点和品牌调性。例如，奢侈品常使用黑色和金色组合营造高端感，而食品包装则多采用鲜艳的色彩吸引用户。
- 品牌识别：视觉设计必须具有一致性，品牌的标识、字体、包装设计都应体现统一的风格，使用户通过视觉认知快速识别出品牌。例如，苹果的简约设计风格已经成为其强大品牌认知的标志。

2. 听觉：强化记忆的声音触达

听觉可以改变心情，还可以引导人的生活习惯。为了使更多的人锻炼身体并且缓解电梯拥挤，鼓励人们爬楼梯，一些地铁站在楼梯上安装了压力传感器与扬声器，把楼梯漆成类似于钢琴的黑白琴键，不同的琴键阶梯在被踩踏时会发出不同的音调。"钢琴楼梯"的出现让更多人开始乐于走楼梯。经过改造的楼梯的使用率提高了近60%。这种能够"弹奏"美妙音乐的新颖"钢琴楼梯"，通过让人们感受运动和钢琴美妙的音符所带来的双重快乐，达到了鼓励人们多运动、改善人们环境行为的目的，这也为我们如何改善听觉体验带来了新的思路。品牌可以通过音乐、声音标识、语音提示等方式，深刻影响用户的感知和情感体验。

- 品牌声音标识：品牌可以通过独特的声音标识影响用户的认知。例如，我们为正林瓜子设计了鹦鹉IP，我们建议客户将"我爱吃这款瓜子"的鹦鹉声音注册成声音符号来强化用户对品牌的认知。田七牙膏提出拍照时大声喊"田七"成为他们的独特听觉符号。美国销售学家韦勒说："不要卖牛排，要卖烤牛排时的滋滋声。"
- 音效设计：良好的音效设计能够强化用户在使用产品时的愉悦感。例如，腾讯将QQ的"嘀嘀嘀"注册成了第一个声音商标。用户听到熟悉的声音，会立刻联想到产品。

3. 触觉：直观的物理接触体验

品牌可以通过用户实际接触产品时对材料、质感、形状等的感知，影响他们对产品品质的认知。一个能产生良好触觉体验的产品设计能够有效提升用户的满意度。

- 材质选择：优质的材质能提升触觉体验，传递出产品的高级感和舒适感。例如，奢侈品牌常使用高档皮革、金属等材料，让用户在触碰产品时感受到它的精致与质感。
- 包装质感：产品包装的材质、开合方式和表面处理都在影响用户的触觉体验。例如，磨砂材质的包装有时比光滑材质的包装更具高级感，令人印象深刻。

4. 嗅觉：感官触发的情感共鸣

嗅觉能够通过气味直接刺激人类的情感记忆和感知，使产品和品牌在用户心中留下深刻的印象并引发联想。比如，糖果——快乐、甜蜜，药味——苦涩、悲伤、安心，火药——紧张、恐慌、焦躁，薄荷——头脑清醒，薰衣草——缓解神经、促进睡眠。

- 品牌气味：很多品牌通过设计独特的气味，增强用户的嗅觉体验。例如，星巴克的咖啡香气不仅强化了咖啡的产品特性，还通过嗅觉触发了用户对咖啡店氛围的情感记忆。

- 香氛包装：一些化妆品在包装设计中加入香味元素，使用户在拆开包装时立刻感受到产品的香味，从而增加好感。例如，香氛蜡烛品牌通过独特的香味设计，与用户建立了强大的嗅觉连接。

5. 味觉：直接影响用户的满意度

味觉是食品和饮料品牌中最直接、最核心的感官体验，它不仅决定了用户的第一印象，更是影响复购率和品牌忠诚度的关键。无论是一口酥脆多汁的炸鸡，还是入口即化的甜品，味觉所带来的愉悦感都是其他感官难以替代的。不同地域的特色风味也能激发用户的情感联想，如川菜的麻辣令人上瘾、粤菜的清淡唤起家庭的温馨、东北菜的咸香让人联想到热情豪爽的性格。好的味觉体验，不仅能刺激食欲，还能形成味觉记忆，成为品牌与用户之间深层次的情感纽带。

- 独特口味：味觉设计不仅要满足用户的基本口感需求，更要通过创新的口味设计来增强品牌的差异化。例如，可口可乐和百事可乐通过独特的口味风格，打造了用户对品牌的长期忠诚度。
- 味觉记忆：某些品牌将特殊的味道与文化相结合，使其味道成为用户难忘的情感记忆。例如，传统节日食品通过独特的口感和味道，让消费者在特定场景形成对品牌的强烈记忆。

传播镜头打造

传播镜头是品牌或产品体验中的关键分享点，是让用户自发传播的高光时刻。品牌应在传播力最大/接触面最广的环节或必经之路设置具有仪式感的传播镜头。这些时刻并不仅仅是简单的视觉或互动装置，更要注重制造传播梗，抓住用户的情绪和自我表达欲望。通过设计引人注目的传播镜头，品牌能够让用户在社交平台上主动或被动地参与到传播中来，实现低成本、高效率的病毒式传播。

1. 哪些地方可以打造传播镜头

（1）抓住关键场景，打造最佳分享点

品牌可以通过精心设计的场景或装置，给用户提供一个明显的分享契机，类似于"打卡点"或"拍照墙"，让用户主动在社交平台上分享品牌内容。这类场景需要突出品牌的核心特性，并具有一定的互动性或趣味性。

- 拍照墙与打卡点：例如，喜茶在店内设置的拍照打卡墙简约而不失趣味，成为用户消费体验后拍照打卡的热门地点。同时，这种设计也突出了品牌的潮流感与生活方式，使得喜茶成为年轻人群体的打卡圣地。
- 特殊装置与体验区：奈雪在部分门店设置了巨大的品牌标志装置或具有艺术感的座椅，吸引用户合影和分享，强化了品牌的高端的定位。奈雪通过这样的体验区设计，使其门店成为聚会和打卡的热门地点。

（2）产品包装与展示：激发分享欲望

除了场景设计，产品本身也可以成为传播镜头，通过独特的包装设计、展示方式或者与用户的互动环节，增强用户的分享欲望。

- 独特包装：品牌可以通过别具一格的包装设计，让产品本身成为一个传播镜头。例如，星巴克每年推出的圣诞杯成为用户热衷分享的对象，不仅让用户享受产品，还通过杯子的创意设计激发分享欲。
- 精美展示：食品品牌常通过精美的产品展示让用户想要拍照分享。例如，奈雪的"霸气水果茶"系列，不仅在口味上深受喜爱，其水果和茶饮结合的视觉呈现也特别精美，往往让用户愿意在社交媒体上分享。

（3）高峰体验时刻：让用户成为传播者

把产品和品牌体验中的"高峰时刻"设计成传播镜头，能让用户在体验中感到愉悦，并主动分享这些时刻。这种设计不仅能够让用户对品牌产生认同，还能通过他们的分享进一步扩大品牌影响力。

- 获奖或成就时刻：比如，完美日记通过其会员系统，鼓励用户达成不同等级的成就，并提供独特的体验或礼品包装，用户在达到这些"高峰时刻"时，往往会拍照并在社交平台分享，增强了品牌的传播力。
- 互动体验：品牌可以通过互动环节打造"传播时刻"。例如，泡泡玛特设置了展示盲盒开箱体验的专门区域，用户在开到隐藏款时往往会拍照分享，这种互动设计不仅增强了用户的参与感，也让品牌自然而然地得到传播。

（4）情景化设计，增强互动性

通过设计具有故事性的情景，品牌可以引导用户去分享这些富有创意的镜头。这类传播镜头需要符合品牌调性，并能在视觉上给人留下深刻印象。

- 情景化体验：比如，海底捞提供了一些定制化体验环节，如"生日惊喜"，用户在享受服务时会拍照、录视频，并通过社交平台分享这段特别的用餐体验。这类"高光时刻"既满足了用户的情感需求，又让品牌获得了自然传播。

（5）创意设计，激发社交分享

通过独特的创意设计，品牌可以打造具备强烈传播属性的镜头。这些设计可能是极具视觉冲击力的场景、引发情感共鸣的互动装置，或是有趣的互动环节。通过让用户感到好玩、有趣，促使他们分享品牌体验。

- 趣味装置：比如，泸州老窖在大型活动中设置了互动装置，通过AR技术让用户能够与品牌标志性元素互动，生成有趣的照片或视频，并鼓励用户在社交平台分享。
- 限时活动或特别主题装置：品牌也可以通过限时的活动或特别主题装置来激发传播。例如，Gucci通过限时的快闪店打造特殊的购物场景，顾客在限时活动中往往会拍照打卡，实现大规模的社交传播。

2. 传播镜头打造原则

（1）传播，不要强推而要造梗

品牌要想让传播镜头在用户中自发传播，必须做到不要强推产品，而是制造具有生命力的"梗"。传播梗是那些能够引发用户共鸣、让用户想要分享的点，而不是单纯的广告信息。一个好的传播梗，能够让用户觉得这不仅是品牌的表达，更是自己生活方式的展示。

造梗的三步走：

- 制造具有生命力的梗：品牌需要找到那些容易被社交平台用户抓住并传播的点。可以是一个有趣的场景设计、一句带有情绪的广告语，或者是一段引发情感共鸣的互动体验。
- 选择最有利的传播玩法：利用短视频、打卡挑战、用户创意生成内容等方式让用户愿意参与并分享。例如，喜茶曾推出"打卡墙",成为年轻人在社交网络上的热门场景,他们纷纷分享与产品的合照,形成了自发的传播潮流。

- 选择核心圈层进行"放毒":传播的初期,品牌应该选择那些最愿意传播的人和最愿意购买的核心圈层进行初期扩散。通过调动核心用户的积极性,让他们成为品牌传播的"感染源",迅速产生更广泛的传播效应。

(2)社交属性强、执行成本低的传播镜头设计

传播镜头设计要兼顾社交属性强与执行成本低,这样才能保证用户愿意主动参与并且分享。品牌可以通过简洁而不失创意的设计,让用户感到轻松、有趣,从而自发在社交平台上分享品牌体验。

- 轻量化传播:品牌可以通过轻量化的互动设计,降低用户分享的门槛。例如,奈雪在门店设置的简约拍照墙,不仅成为用户打卡的热门地标,还具备品牌标志性元素,易于识别和传播。用户只需一张合影就能完成一次传播。
- 形态简洁:传播镜头的设计不必复杂,反而要保持简洁易传播。例如,元气森林通过简单清新的包装设计吸引用户分享,极具辨识度且易于拍照,用户的分享门槛极低,帮助品牌在社交媒体上迅速扩散。

(3)传播价值链:情绪优先,引发共鸣

在传播价值链中,情绪大于干货,干货大于学术,利益相

关大于兴趣相关，损失利益大于获得利益，说事大于说理，故事大于事实，八卦大于正史，争议大于辩证，金句大于逻辑，一时情绪大于长远思考。品牌传播要通过引发用户的情绪波动来带动分享，而不是一味地推销产品。成功的传播镜头往往通过情绪、故事、冲突来制造传播梗，让用户感受到与自己相关，从而愿意主动分享。

- 情绪引导：例如，泸州老窖的广告通过与传统文化的深度结合，唤起了用户的情感共鸣，这样的情绪传播比单纯的功能宣传更容易在用户中引发讨论和分享。
- 金句传播：好的传播镜头也可以通过精炼的金句让用户产生情绪共鸣。例如，江小白借助印有生活哲理的金句的酒瓶设计，引发了年轻人的广泛传播。每一句金句都像是在说出用户的心声，激发用户的自我表达欲望。

（4）抓住核心圈层：传播带动购买

传播的初期要抓住两类核心用户：最喜欢传播的人和最愿意购买的人。通过这些核心圈层的口碑传播，品牌可以迅速扩散到更广泛的受众中，形成"病毒式"传播的效应。这些用户既是品牌的忠实粉丝，也是最具传播影响力的群体。

- 双重圈层影响：品牌不仅要吸引那些热衷于社交分享的用户，还要通过这些用户带动潜在购买者。烂传播总在推销自己，好传播总在打造用户的自我认知，品牌应通过帮助用户展示自我、分享情感，推动更自然的口碑传播。

（5）打造自我认知：帮助用户完成自我表达

好的传播镜头不是一味地推销品牌，而是帮助用户完成自我表达。当用户通过分享传播镜头展示自己的生活方式、情感状态时，他们会觉得品牌正在帮助他们完成自我认知的表达，这会大大增强他们的分享欲望。

- 赋能用户自我表达：例如，奈雪通过健康、自然的品牌形象，帮助用户表达自己对健康生活方式的追求。用户在社交平台上分享茶饮时，不仅仅是在推广产品，更是在展示他们的生活态度。

传播镜头的设计不仅要考虑视觉和互动，还要通过制造具有传播力的梗，引发情绪共鸣，进而推动用户自发分享。品牌可以通过轻量化的设计和社交属性较强的场景来降低传播门槛，并抓住核心圈层进行传播扩散。传播的重点在于情绪引导和自我认知，帮助用户完成自我表达，让他们在分享品牌的同时，也是在表达自己。最终，通过强烈的情感共鸣和精心设计的传播镜头，品牌能够实现高效、低成本的病毒式传播。

激活情绪的 14 种包装风格

一款包装可能是一种也可以是多种风格的集合体。包装的常见设计风格是有限的，设计风格破天荒式的创新往往依赖技术的进步，如现在流行的 C4D 风格。然而大多数设计风格的创新往往是跨界创新，比如，同行都简约，我们就复古；同行是现代风,我们就用中国风,甚至混合使用几种风格。另外,设计内容本身也会有创新。

激活情绪的 14 种包装风格如图 8-4 所示。

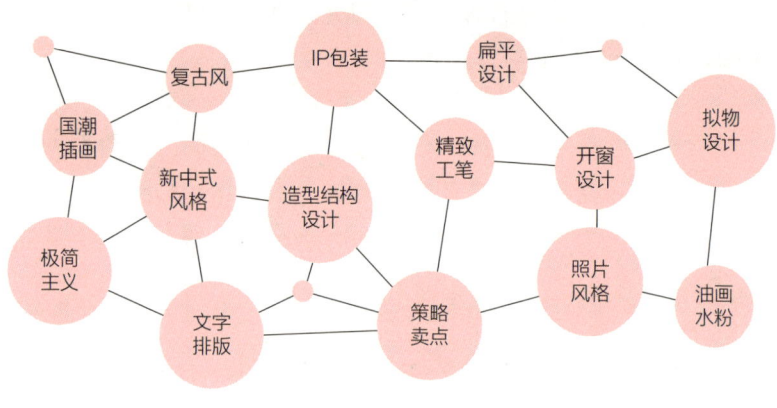

图 8-4

国潮插画

国潮插画(见图 8-5)是用全新的手法来表现中国传统文

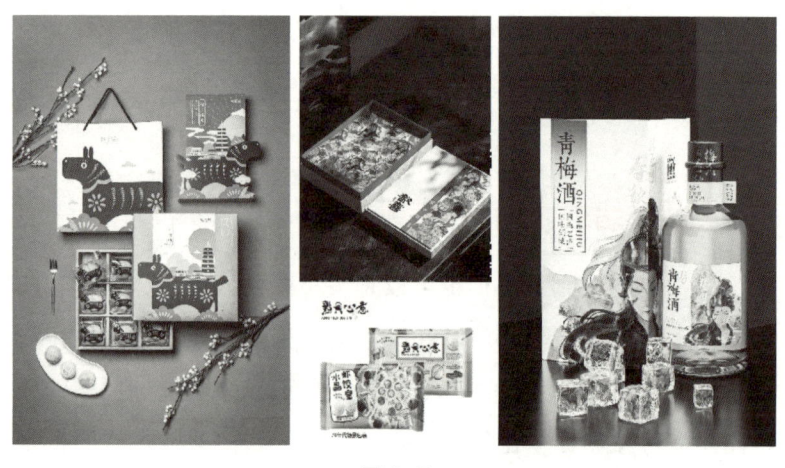

图 8-5

化内容及元素,如色彩更加绚丽大胆,画面更加精致,手法上也更加多样,不局限于插画、折纸、剪纸等艺术形式,元素更加多元混搭,内容也不受局限。

适合产品:茶饮、零食、时尚产品等。

复古风格

复古风格(见图8-6)的特点是低饱和度或低明度,通过对

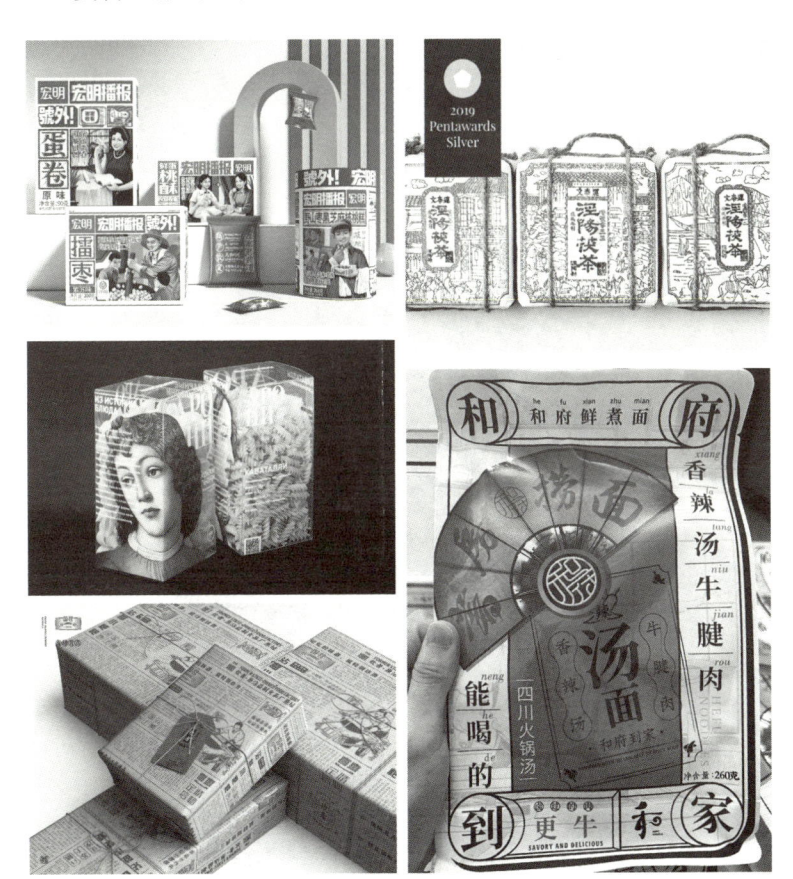

图8-6

旧时代物品质感进行模仿,以体现经典传承,传递历史感和情感共鸣,以及产品品质的可靠性。复古风分为中国复古风和欧式复古风等。中国复古风是对中国近代物品质感的模仿,如老上海风格、民国风格、港式风格等,特点是对画面质感进行做旧;欧式复古风是对欧式古典主义风格的复刻,特点是增加很多装饰性花纹。复古风可考虑结合工艺和材质,如增加细麻绳以及额外的标签来增强品质感。

适合产品:传统及老字号等文化产品。

极简主义

极简主义(见图8-7)的特点是画面简洁,以点、线、

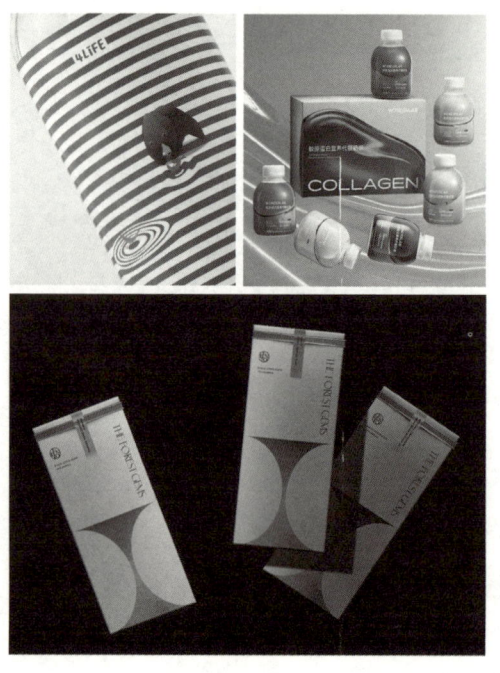

图8-7

面、体的拼接组合构成包装的第一视觉。它没有明确的指向性和具体的概念，它传达的是一种大的调性、大的感觉、大的格调，如简单、干净、有层次，整个包装有很好的布局和留白。这种风格的包容性很强，具有某种韵律感，让用户感到舒缓和宁静。很多奢侈品品牌喜欢用简单的圆形、方形、三角来做包装元素，非常耐看。

适合产品：希望传达极简概念的产品。

新中式风格

新中式风格（见图 8-8）是对传统文化的新式表达和年轻化体现，取悦注重品质的年轻群体。

图 8-8

新中式和国潮插画的区别在于：新中式的核心元素是非文字的水墨画，国潮插画的艺术形式更加丰富。

适合产品：具有中国传统文化的产品。

文字排版

文字排版（见图 8-9）是通过对文字进行创意设计，增加质感，使其成为包装的第一视觉。它可以抒情，可以热血，它可以赋予产品功能以外的情感价值，具有强烈的号召感。

图 8-9

文字排版与新中式的区别在于：在水墨作品中，我们将以书法文字为核心的设计定义为文字排版，将以国画为核心的设计定义为新中式。文字排版不仅仅包含书法，还有其他的字体设计方式。

适合产品："有很多话要说"的产品。

IP 包装

IP 包装（见图 8-10）指的是打造超级 IP，然后将超级 IP

结合产品降维到包装上。IP 包装可以演绎各种主题故事，形成互动。借助 IP 的情感连接来吸引特定人群，特别适合跨界合作。

图 8-10

适合企业：跳出传统品牌竞争维度打造人格化品牌的企业。

造型结构设计

造型结构设计（见图 8-11）的特点是通过造型结构的创新赋予产品独特外观，它本身就可以成为品牌的超级符号，甚至成为产品卖点，让人记忆深刻。比如，好时巧克力占领了水滴形状。而造型并不能随意设计，在设计时除了画面表现之外，还需要考虑包装材质与工艺的适宜性、生产的可行性与便捷性，以及存储和运输的便捷性。

适合产品：高档礼品、文化产品、奢侈品、纪念品、节庆礼盒以及其他定制型产品。

图 8-11

油画水粉

油画水粉（见图 8-12）的特点是画面如同油画或者水彩画，通过柔和的笔触、丰富的层次感来打造艺术感，给人以高端、艺

图 8-12

术化的感受。每个部分都需要精心刻画，一幅看似简单的画面要整体自然、形态优美、过渡柔和、立体感强，其工作量是巨大的。

适合产品：表现艺术类产品或体现匠心的产品。

扁平设计

扁平设计（见图 8-13）强调简化的图形和色块，减少阴影和复杂纹理，传递出现代、清晰的视觉效果，故事感和色彩冲击力都很好，适用于年轻、时尚类品牌。

图 8-13

扁平设计与极简主义的区别在于：扁平设计的点、线、面描述的是具体的事物，大多数情况下用是扁平插画来表现，极简主义的点、线、面无实际意义。

适合产品：日常消费品。

精致工笔

精致工笔（见图8-14）是一种细致、逼真的手绘风格，画面采用单色或者双色，大多以点、线、面的方式表现内容，笔触细腻唯美，动物的毛发和植物的叶片都可以表现得很精致。单色体现淳朴，多色体现繁华，可以考虑与印刷工艺，如烫金、UV等相结合，提升精致感和艺术价值。

图 8-14

适合产品：高端食品、奢侈品、艺术品、女性产品以及与动植物相关的产品。

开窗设计

开窗设计（见图 8-15）属于造型结构设计中的一种，但由于其应用广泛，因此特别列出。该风格的特点是通过开窗设计让用户直观地看到里面的产品，提升用户对产品的信任感。设计时要考虑包装和产品的色彩和形态要形成统一，排版上可以形成互动，凸显卖点。

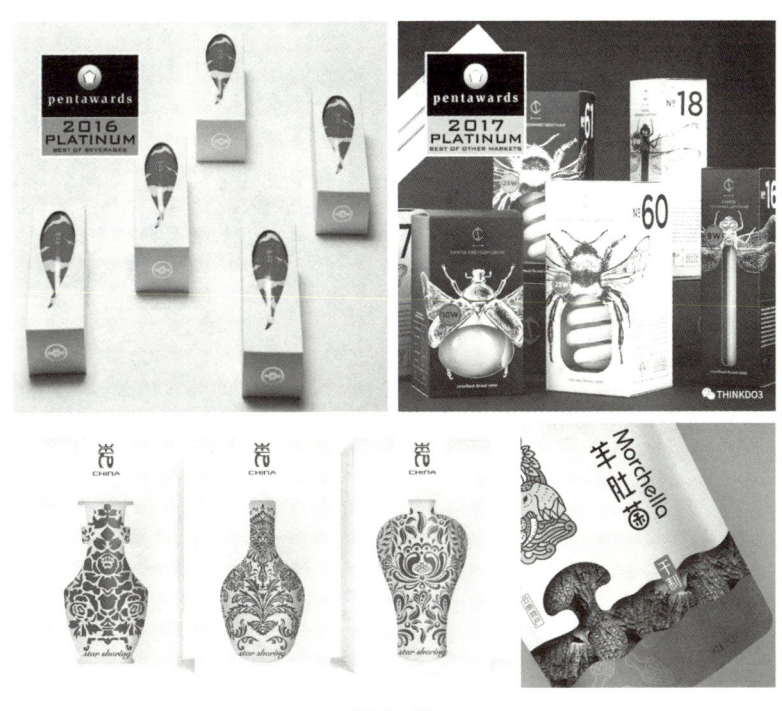

图 8-15

适合产品：短保食品和 3C 配件。

照片风格

照片风格（见图 8-16）的特点是以高品质的实物、人物、风景照片作为包装的第一视觉。比如,食品包装可以通过这种风格体现产品的新鲜度、原产地等信息,而充满食欲的照片直接刺激着人们的生理本能。另外,有些包装则在此基础上对产品进行特别的排列和摆放,或者配合插画和文字,可以让包装更加有趣。

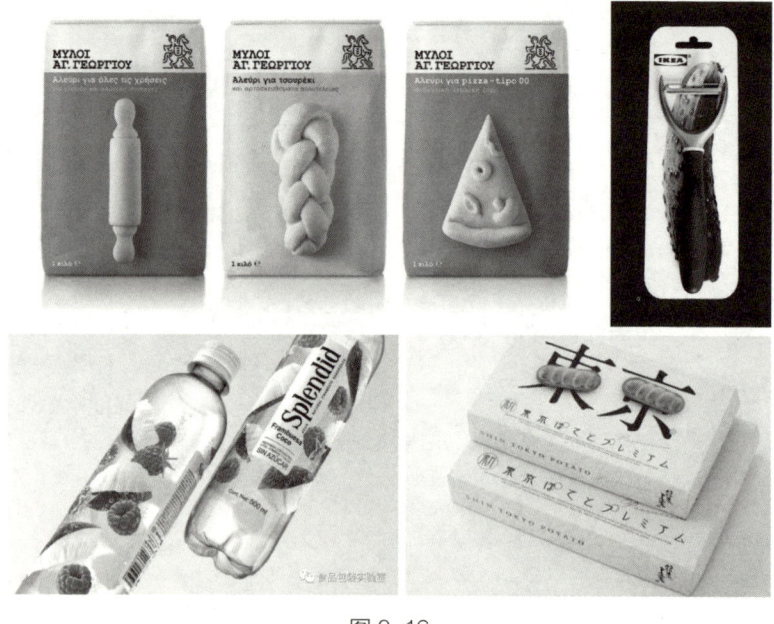

图 8-16

适合产品:食品和科技产品。

拟物设计

拟物设计(见图 8-17)的特点是通过设计画面来模拟其他物品,让用户感受到它的原材料的优质、状态的完美,或者赋予产品一种全新的概念,让用户感受到趣味与新奇。拟物分为两种：一种是包装整体造型形态的拟物，还有一种是在常规包装形态上通过画面进行拟物。

图 8-17

拟物设计和造型结构设计的区别：拟物是一眼就能看出它的造型模仿某种现实物体的形状或纹理，而造型是指造型独特，不是我们常见的物体。

适合产品：卖点直接可以拿来做成视觉元素的产品。

策略卖点

策略卖点的风格是以理性的营销策略或销售逻辑为导向的，而非纯视觉导向，当然在设计时也要考虑排版的美观。策略卖点风格的典型案例就是洽洽小黄袋（见图 8-18），包装身披绶带，用巨大的卖点文字作为第一视觉。

适合产品：品类创新的产品。

情绪爆品：从0到1实战手册

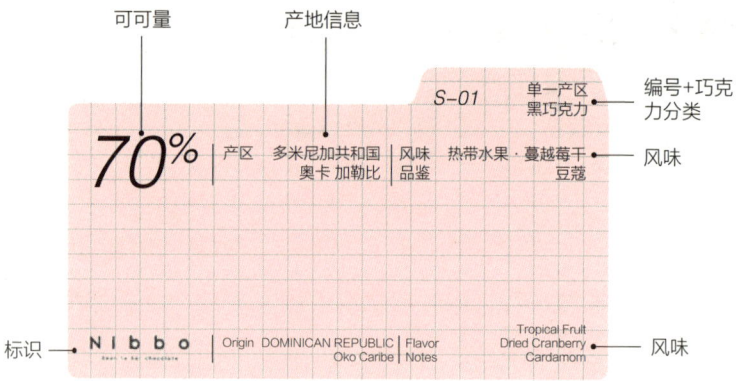

① 洽洽标识放大3倍 让传播范围扩大9倍
② 增加鲜字标 强调排他性优势
③ 7日装放大突出且 侧面开窗一眼看到 多少包不用再解释
④ 身披绶带 超级话语最大化
⑤ 无添加图标 降低心理防线
⑥ 产品信息可视化 每袋内含4种坚果3种果干

可可量：70%
产地信息：多米尼加共和国 奥卡 加勒比
编号+巧克力分类：S-01 单一产区 黑巧克力
风味品鉴：热带水果·蔓越莓干 豆蔻
标识：Nibbo
Origin DOMINICAN REPUBLIC Oko Caribe
Flavor Notes
风味：Tropical Fruit Dried Cranberry Cardamom

基本信息：
多米尼加共和国/奥卡 加勒比
地点　　杜阿特
品种　　克里奥罗/特里尼塔里奥/佛拉斯特罗 Criollo/Trinatario/Forestaro
认证　　有机/直接贸易
处理类型　集中处理发酵
发酵风格　木箱发酵
干燥方式　网眼晾晒桌，或者水泥台日晒干燥
收获季节　3月至6月

产地：北美洲
国家地图
Oko Caribe DOMINICAN REPUBLIC

图 8-18

除了产品本身的体验，还可以设计这 13 种附加体验

购买产品的行为并不只是简单的消费，品牌可以为购买行为赋予更多含义和体验，把"为了产品而购买"变成"为了附加收益而购买"。购买行为还是那个购买行为，但目的已经改变了，让人跃跃欲试，甚至产生上瘾的感觉。这些附加收益让用户感受到参与感、归属感、认同感，从而增强用户黏性，提升用户体验。

附加体验（见图8-19）的核心价值在于增强情感连接、提升用户黏性和创造差异化优势。例如，用户通过购买某品牌的"环保系列"产品，表达对可持续发展的支持，这不仅增强了用户与品牌的情感连接，还让品牌在市场中建立了独特的环保形象。附加体验的设计应以用户为中心，围绕他们的需求和期望

13种附加体验

1. 表达态度
2. 抽奖占卜
3. 美好祝愿
4. 获得机会
5. 获得称号
6. 获得折扣
7. 获得积分
8. 获得定制
9. 参与公益
10. 参与挑战
11. 参与游戏
12. 加入圈层
13. 解锁赠品

图8-19

展开，同时与品牌的核心理念和价值观契合，避免给用户造成认知混乱。此外，附加体验的设计应简单易懂，降低用户的参与门槛，让他们能够轻松享受附加价值。

表达态度：用户通过购买行为传递价值观

在消费行为中，产品不仅仅是满足功能需求的工具，还可以成为用户表达态度、价值观和身份认同的媒介。通过选择特定的品牌或产品，用户能够传递他们对社会、政治、文化等议题的立场。这种表达方式在现代营销中越来越常见，尤其在品牌通过产品设计、包装、广告等方式明确传递某种价值观时。

- 政治态度：在 2012 年美国总统大选期间，出现了"奥巴马罗姆尼红蓝咖啡"。用户可以选择象征支持奥巴马的蓝色包装咖啡，或象征支持罗姆尼的红色包装咖啡。通过购买这些产品，用户不仅是在购买咖啡，更是在公开表达自己的政治立场。
- 环保态度：许多用户选择购买环保产品，如可降解包装、有机食品或电动汽车，以此表达他们对环境保护的支持。
- 社会正义：一些品牌通过支持公平贸易、反对种族歧视等议题，吸引那些关切社会正义的用户。

消费行为的心理动机

用户通过购买行为表达态度的背后，有着深层次的心理动机。

- 自我认同：用户通过购买与自己的价值观一致的产品，

强化自我认同感。
- 社会认同：通过购买特定产品，用户希望获得与自己的价值观相似的群体的认同。
- 影响力：用户希望通过购买行为影响他人或社会，推动某种价值观的传播。

品牌如何满足用户表达态度的需求

品牌可以通过以下方式满足消费者表达态度的需求。

- 明确品牌价值观：品牌需要清晰地传达自己的核心价值观，吸引具有相同理念的用户。
- 设计象征性产品：通过设计具有象征意义的产品（如红蓝咖啡），品牌可以帮助用户更直观地表达态度。
- 参与社会议题：品牌可以通过支持社会议题（如环保、平权等）与用户建立情感连接。

抽奖占卜：通过趣味性互动提升消费体验

在现代营销中，品牌越来越注重通过趣味性互动来优化用户的购物体验。抽奖和占卜环节的加入，不仅能够增加用户的参与感和期待感，还能提升品牌的吸引力和用户黏性。这种策略通过制造惊喜和娱乐性，让用户在购买过程中感受到更多的乐趣和满足感。比如，泡泡玛特的盲盒产品通过隐藏款设计，让用户在购买时不知道会获得哪一款产品，增加了购物的趣味感和用户的期待感。

- 增加趣味性：通过加入抽奖或占卜环节，用户在购买产品时不仅能获得产品本身，还能体验到游戏的乐趣。
- 提升期待感：不确定的结果（如隐藏款、神秘奖品）会让用户对购买过程充满期待，增加购物时的兴奋感。
- 增强互动性：抽奖和占卜环节通常需要用户主动参与，这种互动能够拉近品牌与用户之间的距离。
- 低门槛参与：用户只需购买产品即可参与抽奖，参与门槛低，容易吸引大量用户参与。

抽奖与占卜的心理动机

抽奖和占卜环节之所以能够吸引用户，背后有着深层次的心理动机。

- 好奇心：人类天生对未知事物充满好奇，抽奖和占卜活动的不确定性能够激发用户的好奇心。
- 赌博心理：抽奖和占卜带有一定的赌博性质，用户希望以小投入获得大回报，这种心理会促使他们参与。
- 收集心理：盲盒产品通常是一个系列，用户为了收集完整的系列，会持续购买。
- 社交认同：用户通过参与抽奖或占卜，获得稀有奖品或个性化体验后，往往会通过社交媒体分享，获得社交认同。

品牌如何设计有效的抽奖与占卜活动

品牌在设计抽奖和占卜活动时，需要注意以下几点。

- 奖品的吸引力：奖品需要具有足够的吸引力，才能激发用户的参与热情。可以是限量版产品、高价值奖品或个性化体验。

- 活动的公平性：抽奖和占卜活动需要保证公平透明，避免用户对活动的公正性产生怀疑。
- 互动性设计：活动设计需要简单、易参与，同时具有一定的趣味性，能够吸引用户主动参与。
- 社交分享机制：通过设置社交分享环节，鼓励用户将活动分享到社交媒体，扩大品牌的影响力。

美好祝愿：通过情感连接提升消费体验

品牌通过将购买行为与美好祝愿或传统文化相结合，能够为用户提供更深层次的情感满足。这种策略不仅优化了用户的购物体验，还能帮助品牌与用户建立情感连接，提升用户的品牌忠诚度。通过在特定节日或文化背景下附加包装或营销设计，品牌能够让用户感受到节日的祝福和文化氛围，从而增加品牌的亲和力和市场竞争力。比如，喜茶在春节期间推出"好运杯"，杯子上印有吉祥话和祝福语，用户在购买时会感受到浓厚的节日的喜庆氛围。

- 情感连接：通过传递美好祝愿，品牌能够与用户建立情感连接，增强用户的归属感和认同感。
- 文化共鸣：将购买行为与传统文化相结合，能够唤起用户对文化传统的认同感和自豪感。
- 节日氛围：在特定节日或文化背景下，品牌通过附加包装或营销设计，能够让用户感受到浓厚的节日氛围，增加购物的愉悦感。例如，在春节时赠送带有美好寓意的红包。

美好祝愿的心理动机

美好祝愿的营销策略之所以能够吸引用户，背后有着深层次的心理动机。

- 情感满足：用户购买产品不仅是为了满足物质需求，还希望获得情感上的满足。美好祝愿能够为用户提供积极的情感体验。
- 文化认同：用户对传统文化有着深厚的认同感，品牌通过传递美好祝愿和宣传传统文化，能够唤起用户的文化自豪感。
- 社交分享：用户在感受到美好祝愿后，往往会通过社交媒体分享自己的购物体验，获得社交认同。

品牌如何设计有效的美好祝愿活动

品牌在设计美好祝愿活动时，需要注意以下几点。

- 文化契合度：美好祝愿活动需要与特定的节日或文化背景高度契合，才能唤起用户的情感共鸣。
- 情感传递：品牌需要通过包装、赠品或营销设计，有效传递美好祝愿，让用户感受到积极的情感体验。
- 互动性设计：美好祝愿活动可以设计一些互动环节（如DIY春联、节日贺卡等），增加用户的参与感。
- 社交分享机制：可以通过设置社交分享环节，鼓励用户将美好祝愿活动分享到社交媒体，扩大品牌的影响力。

获得机会：通过独特体验提升用户的参与感与成就感

品牌通过产品或服务为消费者提供独特的机会或体验，能够显著提高用户的参与感和成就感。这种策略不仅让用户感受到自己与品牌之间的紧密联系，还能通过参与品牌成长或特定活动，获得独特的满足感。

- 增强参与感：用户通过参与品牌活动或产品成长过程，感受到自己是品牌的一部分，从而增强对品牌的认同感和忠诚度。
- 提升成就感：用户通过自己的努力或参与，帮助品牌或产品取得成功，能够获得独特的成就感。
- 增加互动性：这种策略通常需要用户主动参与，增加了品牌与用户之间的互动性，拉近了两者的距离。

获得机会的心理动机

获得机会的营销策略之所以能够吸引用户，背后有着深层次的心理动机。

- 参与感：用户希望通过参与品牌活动或产品成长过程，感受到自己是品牌的一部分。
- 成就感：用户通过自己的努力或参与，帮助品牌或产品取得成功，能够获得独特的成就感。
- 社交认同：用户通过参与品牌活动，获得独特的体验或机会后，往往会通过社交媒体分享，获得社交认同。

品牌如何设计有效的获得机会活动

品牌在设计获得机会活动时，需要注意以下几点。

- 明确目标：品牌需要明确活动的目标是提升用户参与感、增加品牌忠诚度，还是促进产品销售。
- 设计互动环节：活动需要设计一些互动环节，让用户能够主动参与，感受到自己对品牌或产品的影响力。
- 提供独特体验：活动需要为用户提供独特的体验或机会，让他们感受到参与的价值和意义。
- 反馈机制：品牌需要建立有效的反馈机制，让用户能够及时了解自己的参与成果，增强成就感。

获得称号：通过专属荣誉提升用户的自我认同感与忠诚度

通过产品或活动为用户提供专属称号或荣誉，是一种有效的营销策略。这种策略能够显著提升用户的自我认同感、荣誉感和忠诚度。比如，王者荣耀玩家在游戏中通过完成特定任务或达到一定等级，可以获得专属称号（如"最强王者"），增强成就感和荣誉感。

- 提升自我认同感：用户通过获得专属称号，感受到自己的独特性和价值，从而增强自我认同感。
- 增强荣誉感：专属称号或荣誉能够为用户带来荣誉感，让他们感受到自己的努力和成就得到了认可。
- 增强忠诚度：用户通过获得专属称号，与品牌之间建立了强大的情感连接，增强了品牌忠诚度。

获得称号的心理动机

获得称号的营销策略之所以能够吸引用户，背后有着深层次的心理动机。

- 自我认同：用户希望通过获得专属称号，感受到自己的独特性和价值，增强自我认同感。
- 荣誉感：专属称号或荣誉能够为用户带来荣誉感，让他们感受到自己的努力和成就得到了认可。
- 社交认同：用户通过展示获得的称号，获得社交认同和尊重，增强社交满足感。

品牌如何设计有效的获得称号活动

品牌在设计获得称号活动时，需要注意以下几点。

- 明确目标：品牌需要明确活动的目标是提升用户的自我认同感、增强用户的荣誉感，还是增强其品牌忠诚度。
- 设计多样化的称号：称号需要设计得多样化，涵盖不同的成就和等级，满足不同用户的需求。
- 提供实际奖励：除了称号，品牌还可以提供实际奖励，如优惠券、积分、专属服务等，提高用户的参与热情。
- 反馈机制：品牌需要建立有效的反馈机制，让用户能够及时了解自己的成就和称号，增强成就感。

获得折扣：通过 VIP 等级制度激励持续消费

通过 VIP 等级制度为用户提供折扣和专属优惠，是一种有效的营销策略。这种策略不仅能够激励用户持续消费，还能增强他们的忠诚度和满意度。比如，天猫推出88VIP会员制度，用户支付年费后可以享受全年折扣、专属优惠和优先购买权。

- 激励持续消费：用户为了获得更高的折扣和更多的优惠，会持续消费，增加品牌的销售额。
- 增强忠诚度：VIP等级制度能够让用户感受到品牌的重视和关怀，增强品牌忠诚度。
- 提升满意度：用户因获得折扣和专属优惠而感受到购物的实惠和便利，提升满意度。

获得折扣的心理动机

获得折扣的营销策略之所以能够吸引用户，背后有着深层次的心理动机。

- 实惠心理：用户希望通过获得折扣和优惠，享受到购物的实惠，增强购物的满足感。
- 成就感：用户通过累计消费金额或消费频率，升级到更高的VIP等级，获得更多的折扣和优惠，能够产生成就感。
- 归属感：VIP等级制度能够让用户感受到品牌的重视和关怀，增强归属感和忠诚度。

品牌如何设计有效的VIP等级制度

品牌在设计VIP等级制度时，需要注意以下几点。

- 明确目标：品牌需要明确VIP等级制度的目标是激励用户持续消费、增强品牌忠诚度，还是提升用户满意度。

- 合理划分等级：VIP 等级需要合理划分，涵盖不同的消费金额或消费频率，满足不同用户的需求。
- 提供实际优惠：每个 VIP 等级都对应实际的折扣和专属优惠，让用户感受到参与的价值和意义。
- 透明规则：VIP 等级管理的规则需要透明公开，让用户清楚了解如何升级和享受优惠，增强信任感。

获得积分：通过消费积分激励机制增加购买动力

消费积分作为一种激励机制，能够有效增加用户的购买动力。通过累积积分并兑换礼品、折扣或其他奖励，用户不仅能够享受到购物的实惠，还能增强对品牌的忠诚度。比如，航空公司可设置飞行里程积分，用户可以用积分兑换免费机票或升舱服务。

- 增加购买动力：用户为了累积更多的积分，会持续消费，增加品牌的销售额。
- 增强忠诚度：积分兑换奖励能够让用户感受到品牌的回馈和关怀，增强品牌忠诚度。
- 提升满意度：用户用积分兑换礼品、折扣或其他奖励，能感受到购物的实惠和便利，提升满意度。

获得积分的心理动机

获得积分的营销策略之所以能够吸引用户，背后有着深层次的心理动机。

- 实惠心理：用户希望通过累积积分并兑换奖励享受到购

物的实惠，增强购物的满足感。
- 成就感：用户通过累积积分并兑换奖励，能够感受到自己的努力和消费行为得到了回报，增强成就感。
- 归属感：积分激励机制能够让用户感受到品牌的回馈和关怀，增强归属感和忠诚度。

品牌如何设计有效的积分激励机制

品牌在设计积分激励机制时，需要注意以下几点。

- 明确目标：品牌需要明确积分激励机制的目标，是增加用户的购买动力、增强品牌忠诚度，还是提升用户满意度。
- 合理积分规则：积分规则需要合理设计，如每消费一定金额获得多少积分、积分如何累积和兑换等。
- 多样化奖励：积分可以兑换多种奖励，如礼品、折扣、专属服务等，满足不同用户的需求。
- 透明规则：积分激励机制的规则需要透明公开，让用户清楚了解如何累积和兑换积分，增强信任感。

获得定制：通过个性化服务满足用户的独特需求

个性化定制服务是一种能够显著提升用户满意度和品牌忠诚度的营销策略。通过允许用户根据个人喜好定制产品，品牌不仅能够满足用户的独特需求，还能增强用户的参与感和归属感。比如，可口可乐推出了印有名字的定制瓶，用户可以购买印有自己或朋友名字的可乐。

- 满足独特需求：用户可以根据个人喜好定制产品，满足独特需求，提升满意度。
- 增强参与感：用户通过参与产品设计过程，感受到自己是产品的一部分，增强参与感。
- 提升品牌忠诚度：个性化定制服务能够让用户感受到品牌的重视和关怀，增强品牌忠诚度。

获得定制的心理动机

获得定制的营销策略之所以能够吸引用户，背后有着深层次的心理动机。

- 独特性：用户希望通过定制产品，获得独一无二的产品，满足对独特性的追求。
- 参与感：用户通过参与产品设计过程，感受到自己是产品的一部分，增强参与感。
- 归属感：个性化定制服务能够让用户感受到品牌的重视和关怀，增强归属感和忠诚度。

品牌如何设计有效的个性化定制服务

品牌在设计个性化定制服务时，需要注意以下几点。

- 明确目标：品牌需要明确个性化定制服务的目标，是满足用户的独特需求、增强参与感，还是提升品牌忠诚度。
- 多样化选择：个性化定制服务需要提供多样化的选择，如颜色、图案、文字等元素，满足不同用户的需求。
- 易用性：定制平台需要设计得简单易用，让用户能够轻松实现定制，提升用户体验。
- 质量控制：个性化定制服务需要保证产品质量，确保定制产品符合用户的期望。

参与公益：通过社会责任行动建立情感连接

品牌通过公益活动与用户建立更深层次的情感连接，不仅能够提升品牌形象，还能让用户在购买产品时感受到承担社会责任的满足感。这种策略通过将消费行为与社会责任相结合，增强了用户的情感体验和品牌忠诚度。比如，腾讯公益推出"1元购画"活动，消费者支付1元就可以购买一幅由特殊儿童创作的画作，款项用于资助贫困儿童。

- 提升品牌形象：参与公益项目能够提升品牌的社会责任形象，让用户对品牌产生好感。
- 建立情感连接：用户通过购买公益产品，感受到自己参与了社会责任行动，与品牌建立了更深层次的情感连接。
- 增加购买动力：用户在购买公益产品时，不仅是为了获得产品本身，还为了参与公益事业，增加购买动力。

参与公益的心理动机

参与公益的营销策略之所以能够吸引用户，背后有着深层次的心理动机。

- 社会责任感：用户希望通过参与公益项目，履行自己的社会责任，获得道德上的满足感。
- 情感满足：用户通过参与公益项目，感受到自己帮助了需要帮助的人群，获得情感上的满足。
- 社交认同：用户在参与公益项目后，往往会在社交媒体平台分享自己的行为，获得社交认同。

品牌如何设计有效的公益项目

品牌在设计公益项目时，需要注意以下几点。

- 明确目标：品牌需要明确公益项目的目标是提升品牌形象、建立情感连接，还是增加购买动力。
- 公益透明：公益项目需要透明公开，让用户清楚了解自己的购买行为如何帮助到需要帮助的人群。
- 情感传递：品牌需要通过公益项目，有效传递社会责任和情感价值，让用户感受到参与的意义。
- 互动性设计：公益项目可以设计一些互动环节，如捐赠证书、公益故事分享等，增加用户的参与感。

参与挑战：通过互动活动提升品牌的趣味性与社交传播

品牌通过设计带有挑战性质的活动，能够有效激发用户的参与热情，增加品牌的趣味性和社交传播效果。这种策略通过鼓励用户参与挑战并分享体验，不仅增加了品牌的曝光度，还让用户在参与过程中获得成就感和社交认同。

- 增强品牌的趣味性：挑战活动通常设计得有趣且互动性强，能够吸引用户的注意力，打破传统营销的单调性。
- 提升用户的参与感：用户通过参与挑战，感受到自己是品牌活动的一部分，增强了与品牌的情感连接。

- 扩大社交传播：挑战活动通常需要用户在社交媒体上分享参与过程，促成病毒式传播，显著提升品牌的曝光度和影响力。
- 附加价值：用户通过参与挑战，可以获得奖励、荣誉称号或其他附加价值，增加活动的吸引力。

参与挑战的心理动机

挑战活动之所以能够吸引用户，背后有着深层次的心理动机。

- 成就感：用户通过完成挑战任务，能够感受到自己的努力和成就，获得心理满足。
- 社交认同：在社交媒体上分享挑战过程，能够获得朋友和粉丝的关注与认可，增强社交认同感。
- 趣味性：挑战活动通常设计得有趣且互动性强，能够激发用户的好奇心和参与热情。
- 竞争心理：挑战活动往往带有竞争性质，用户希望通过参与挑战超越他人，获得荣誉。

品牌如何设计有效的挑战活动

品牌在设计挑战活动时，需要注意以下关键点。

- 明确目标：品牌需要明确活动的目标是提升品牌知名度、增加用户参与度，还是促进产品销售。
- 设计趣味性：挑战活动需要有趣且易于理解，能够吸引用户的注意力并激发他们的参与热情。
- 降低参与门槛：活动规则应简单易懂，参与方式便捷，确保更多用户能够轻松加入。
- 社交分享机制：鼓励用户在社交媒体上分享参与过程，并挑战他人，形成二次传播。
- 奖励机制：为参与者提供奖励，如折扣、礼品、荣誉称号等，增加活动的吸引力。
- 结合热点或公益：将挑战活动与热点话题或公益事业结合起来，赋予活动更深刻的意义，提升品牌形象。

参与游戏：将购买行为转化为趣味体验

通过将购买行为或消费场景设计成游戏，品牌能够为用户创造轻松、快乐的氛围，降低花钱的负罪感，同时增强用户的参与感和满意度。这种策略通过"游戏化"的方式，让用户在互动中享受乐趣，从而提升品牌的好感度和用户黏性。

降低消费负罪感：通过游戏化的设计，用户将注意力从"花钱"转移到"玩"上，减少了消费带来的心理负担。

- 提升参与感：游戏化的互动让用户感受到更多的参与感和控制感，增强了与品牌的情感连接。
- 创造快乐体验：游戏通常设计得轻松、有趣，能够为用户带来愉悦的体验，提升品牌的好感度。
- 解决问题：游戏化的设计可以巧妙解决实际问题，同时提升用户的满意度。

参与游戏的心理动机

游戏化设计之所以能够吸引用户，背后有着深层次的心理动机。

- 趣味性：游戏通常设计得轻松、有趣，能够激发用户的好奇心和参与热情。
- 成就感：用户通过完成游戏任务，能够感受到自己的努力和成就，获得心理满足。
- 社交认同：在游戏中获得的奖励或荣誉称号，可以通过社交媒体分享，获得朋友和粉丝的关注与认可。
- 降低负罪感：游戏化的设计让用户将注意力从"花钱"转移到"玩"上，减少了消费带来的心理负担。

品牌如何设计有效的游戏化体验

品牌在设计游戏化体验时，需要注意以下关键点。

- 明确目标：品牌需要明确游戏化设计的目标是提升用户体验、解决实际问题，还是增加趣味性。
- 趣味性设计：游戏需要设计得有趣且易于参与，能够吸引用户的注意力并激发用户的参与热情。
- 降低参与门槛：游戏规则应简单易懂，参与方式便捷，确保更多用户能够轻松加入。
- 解决问题：游戏化设计应结合实际场景，巧妙解决用户或品牌面临的问题。
- 奖励机制：为参与者提供奖励，如积分、折扣、礼品等，可增加游戏的吸引力。

加入圈层：通过专属圈层提升用户的尊贵感与身份认同

通过购买特定产品或达到一定消费额度，用户可以进入品牌的专属圈层，获得尊贵感或独享资源。这种策略不仅能够提升用户的身份认同，还能增强对品牌的忠诚度和用户黏性。比如，购买奢侈品的用户可以加入品牌的 VIP 俱乐部，享受私人定制、优先购买权和专属活动。

- 提升尊贵感：用户通过加入品牌的专属圈层，感受到自己的独特性和尊贵地位。
- 增强身份认同：专属圈层通常代表某种身份或地位，用户通过加入圈层，可以获得独特的身份认同。
- 增加品牌忠诚度：专属圈层为用户提供独享资源和服务，增强了用户对品牌的忠诚度。

加入圈子的心理动机

专属圈子之所以能够吸引用户，背后有着深层次的心理动机。

- 尊贵感：消费者通过加入专属圈层，可以感受到自己的独特性和尊贵地位，获得了心理满足。
- 身份认同：专属圈层通常代表某种身份或地位，用户通过加入圈层，可以获得独特的身份认同。
- 社交认同：通过加入专属圈层，用户能够获得社交圈子的认同和尊重，增强社交满足感。

品牌如何设计有效的专属圈层

品牌在设计专属圈层时，需要注意以下关键点。

- 明确目标：品牌需要明确专属圈层的目标是提升用户尊贵感、增强身份认同，还是增加品牌忠诚度。

- 设定门槛：专属圈层需要设定一定的门槛，如购买特定产品或达到一定消费额度，确保圈层的独特性和尊贵感。
- 提供独享资源：为圈层成员提供独享资源和服务，如专属折扣、优先购买权、私人定制等，增强圈层的吸引力。
- 社交互动：通过组织专属活动或社交平台，增强圈层成员之间的互动和交流，提升圈层的凝聚力。

解锁赠品：通过促销活动提升购买附加值

品牌通过设计解锁赠品的促销机制，能够有效提升用户的购买动力和满意度。这种策略通过为用户提供额外的礼品或优惠，增加了购物的乐趣和附加值，从而增强了对品牌的好感度和用户黏性。

- 提升购买动力：用户为了获得额外的赠品或优惠，会增加购买量或购买频率，从而提升销售额。
- 增加购物乐趣：解锁赠品的设计让用户在购物过程中感受到更多的乐趣和惊喜，提升了购物体验。
- 提升满意度：用户在购买主产品的同时，还能获得额外赠品，感受到购物的实惠和附加值，提升了满意度。

解锁赠品的心理动机

解锁赠品的促销策略之所以能够吸引用户，背后有着深层次的心理动机。

- 实惠心理：用户希望通过获得额外的赠品或优惠，享受到购物的实惠，增强购物的满足感。

- 成就感：用户通过满足特定条件解锁赠品，能够感受到自己的努力和消费行为得到了回报，提高了成就感。
- 惊喜感：解锁赠品的设计让用户在购物过程中感受到惊喜和乐趣，提升了购物的愉悦感。

品牌如何设计有效的解锁赠品活动

品牌在设计解锁赠品活动时，需要注意以下关键点。

- 明确目标：品牌需要明确活动的目标是提升销售额、增加购买频率，还是提高用户满意度。
- 设定合理条件：解锁赠品的条件需要合理设计，如满额金额、购买数量等，确保用户能够轻松参与。
- 选择吸引人的赠品：赠品需要具有吸引力，能够激发用户的购买热情。赠品可以是品牌相关产品、限量版商品或实用小礼品。
- 透明规则：活动的规则需要透明公开，让用户清楚了解如何解锁赠品，增强信任感。

Chapter 9　产品销售渠道：线上线下无缝衔接的渠道策略

提升转化率的产品详情页设计

产品详情页不仅是传递产品信息的窗口，更是激发用户购买欲望的重要工具。随着市场竞争加剧，传统的产品卖点罗列已经无法满足用户的需求。如今，品牌要像"戏精"一样通过故事化叙述、沉浸式体验以及互动设计，把一个产品的优势生动地演绎出来，每个桥段都要紧扣心弦，打造让用户如同观看大片般的购物体验。下面将故事化设计与互动体验相结合，阐述如何打造具有吸引力的产品详情页。

打造沉浸式体验：像做大片一样设计详情页

在详情页设计中，沉浸式体验是最能抓住用户注意力的一种方式。通过精心设计的视觉元素、情节化的叙述结构，用户可以像观看电影大片一样体验产品，感受到品牌传递的价值与情感。关键是要让用户不仅能"看"到页面，更能"体验"页面。

比如，对于一款祛痘产品，可以通过游戏化设计，将用户的"祛痘之旅"变成多个关卡的通关游戏。每个关卡都代表产品的一个步骤，如清洁、修复、保湿等，用户通过逐步"通关"，最终达成"祛痘成功"的目标。这样不仅生动地展示了产品的功效，还通过趣味化的互动增强了用户的参与感。

故事化叙述：情节引导，触发情感共鸣

一个好的产品详情页，应该像讲述一个完整的故事，通过人物、场景和情节的设计，循序渐进地将用户引入产品的世界。通过故事的情节化展示，不仅能够详细说明产品功能，还能让用户在情感上产生共鸣。故事化叙述比直接罗列卖点更具吸引力，因为它将用户的需求和产品的解决方案有机地结合在了一起。

比如，对于一款护肤品，可以将详情页设计成一位护肤达人的日常生活记录，通过这位达人在一天中使用护肤品的过程，逐步展示产品的核心卖点。例如，早晨使用该护肤品让皮肤保湿光滑，晚上使用则修复白天受损肌肤。这样的故事线索紧扣用户的需求点，将产品的卖点自然地融入故事之中。

利用视觉震撼打造 IMAX 式沉浸体验

视觉元素是详情页不可或缺的组成部分，尤其是当你希望用设计提高产品的吸引力时。通过影视级别的视觉设计，详情页可以像 IMAX 大屏一样让用户感到震撼，让他们意识到产品的高价值和独特性。动态效果、高清图片、互动动画等都是提升视觉冲击力的有效工具。

比如，对于一款智能家居产品，详情页可以通过 3D 动画演示产品的各种智能功能，展示它如何为家庭生活提供便利。用户不仅可以看到产品的外观，还可以通过动画感受它的实际运作方式，增强产品的科技感和吸引力。

互动体验设计：激发用户的参与感

互动设计可以有效地提升用户的参与感，并通过用户与页面的互动来强化用户对产品的理解与认知。通过互动体验设计，用户不仅可以被动地浏览信息，还可以主动参与到产品的体验中，增强他们对产品的代入感和情感联系。

比如，在一款运动鞋的详情页中，用户可以选择不同的运动场景（如跑步、打篮球等），页面会根据选择展示产品在该场景中的优势。同时，用户还可以通过点击或滑动不同颜色的鞋款，立即看到对应的场景搭配效果。这种互动式的体验不仅增加了趣味性，也提高了产品与使用场景的契合度。

传播镜头设计：激发自发分享

为了让产品详情页更具传播力，设计时需要考虑如何创造"传播镜头"，让用户自发地分享。通过页面中一些具有高分享价值的设计，如专属拍照区域、定制互动功能等，可以激发用户在社交媒体上分享产品，增加品牌的曝光度。

比如一款咖啡品牌可以在详情页中加入"每日咖啡仪式"的互动模块，用户可以通过输入自己的姓名或一句话，生成个性化的咖啡杯图片，分享到朋友圈或社交平台。这样的设计不仅增加了趣味性，还可以促使用户自发传播。

数据驱动的持续优化

产品详情页的设计不能一成不变。通过数据分析和用户反馈，品牌可以不断优化页面设计，提升转化率。A/B 测试、用户行为数据分析等都是有效的优化手段。

比如，通过 A/B 测试，品牌可以评估不同的文案、视觉或互动设计在用户转化率上的表现，从而找到最能打动用户的设计方案。品牌应定期监测用户浏览详情页时的行为路径，发现页面中的问题点，有针对性地进行优化，进一步优化用户的浏览体验，提高购买转化率。

打造沉浸式购物体验的线下店面空间设计

线下店面空间设计不仅是品牌形象的物理延伸，也是顾客与品牌互动的核心场景。成功的线下店面设计不仅能优化顾客的购物体验，还能加强品牌认知，增加顾客的忠诚度。因此，企业高层应从品牌战略的角度出发，全面规划和管理店面设计，确保每个空间细节都能为品牌带来持续的市场竞争力。

店面空间设计的战略定位

线下店面设计是品牌整体战略的一部分，必须从品牌定位、目标顾客需求以及市场趋势出发，确保空间设计与品牌核心价值保持一致。

1. 品牌定位与空间表达

店面空间设计是品牌形象的物理呈现，设计需要传递品牌的独特调性与价值主张。例如，奢侈品品牌的店面设计需要凸显精致、高端的氛围，而年轻、时尚的快消品品牌则应凭借活泼、多变的设计吸引年轻消费者。

- 视觉一致性：店内的颜色、材料、灯光和陈列风格应与品牌的整体形象保持一致，确保顾客在不同触点接触品牌时获得统一的感官体验。例如，苹果专卖店通过简洁、现代的设计与其科技创新的品牌形象相契合。
- 品牌故事与空间的结合：将品牌故事融入空间设计中，让顾客在进入店面的瞬间就能感受到品牌的独特文化和精神。例如，无印良品通过极简、自然的设计语言，传递品牌的生活哲学，让顾客在购物过程中体验舒适、简约的生活方式。

2. 目标顾客的需求与行为习惯

店面空间设计必须从顾客的实际需求出发，方便其购物行为，满足其心理需求。设计不仅要美观，还应方便顾客的购物，提升整体体验。

- 空间布局的便利性：店内动线设计应简洁明了，便于顾客快速找到所需商品，并鼓励他们更多地浏览其他产品。例如，超市通常将日常用品（如牛奶、面包等）放置在店面深处，迫使顾客在购物过程中经过更多商品区域，从而增加成交机会。
- 顾客体验的提升：顾客的购物体验不仅限于产品购买，店面设计应考虑到顾客的感官体验（如灯光、声音、气味等），营造一个舒适、愉悦的购物环境。例如，星巴克用温暖的灯光、舒适的座椅、轻松的背景音乐打造了一个让顾客愿意长时间停留的咖啡空间。

3. 市场趋势与创新设计

随着消费者购物体验要求的提升，品牌需要不断创新店面设计，增强与顾客的互动。未来的线下店面设计应更加注重数字化和个性化，利用先进技术为顾客带来沉浸式体验。

- 智能化空间：通过智能设备和数字化技术，品牌可以在门店中为顾客提供个性化服务。例如，一些服装品牌的试衣间配备智能镜子，顾客可以通过触摸屏选择不同款式的衣服并查看虚拟试穿效果。
- 社交互动与体验场景：现代消费者越来越倾向于将购物与社交相结合，店面设计应为顾客提供社交互动的场景。例如，一些品牌会在店面中设立专属的拍照墙或互动体验区，吸引顾客拍照打卡并分享至社交媒体，从而提高品牌的传播力。

店面空间设计的核心元素

成功的店面设计需要综合考虑视觉、功能、氛围和互动体验，确保每个设计元素都能为品牌加分，并为顾客带来独特的购物体验。

1. 店面外观与橱窗设计

店面外观是吸引顾客进入的第一因，橱窗设计则是传递品牌形象和产品信息的关键触点。品牌应确保外观与橱窗设计能够吸引路过的顾客，传递品牌的核心卖点。

- 店面招牌与门头设计：招牌和门头的设计应与品牌风格保持一致，字体、颜色和材料应传递品牌调性。例如，豪华珠宝品牌的招牌通常采用高光金属材质，以彰显品牌的高端定位，而时尚品牌则可能采用个性化字体和颜色吸引年轻顾客。
- 橱窗展示的创意性：橱窗不仅是展示产品的地方，更是吸引顾客的视觉焦点。通过创意的陈列和主题展示，橱窗可以传递品牌的季节性促销、新品发布等关键信息，吸引顾客进店。

2. 室内空间布局与动线设计

合理的店内空间布局和动线设计能够提高顾客的购物效率，并鼓励顾客更多地参与到店内互动中。

- 功能区划分：应根据顾客的购物习惯和产品的不同类别合理划分功能区。例如，服装店可以划分为新品区、折扣区、试衣区等，方便顾客快速找到目标商品。
- 动线设计与引导：店内的动线应清晰、合理，引导顾客从入口进入后，沿着既定路线浏览更多产品。例如，一些品牌通过地面标识或灯光的变化，巧妙地引导顾客在店内进行完整的浏览，从而提升店内停留时间和成交机会。

3. 灯光、颜色与材质的运用

灯光、颜色和材质在店面设计中起塑造氛围、传递品牌调性的作用。不同类型的品牌应根据自身的风格和目标顾客,选择合适的设计元素。

- 灯光的氛围营造:灯光不仅是照明工具,更是营造店内氛围的关键因素。柔和的灯光可以增加空间的温暖感,而明亮的灯光则能够突出产品的细节。品牌应根据店面的定位和目标群体调整灯光的亮度、色温和布局。
- 颜色与材质的搭配:颜色和材质是传递品牌风格的重要元素。例如,极简主义品牌往往选择白色、灰色等中性色调,搭配金属或木质材质,营造现代感和简约感。而复古品牌可能使用深色调和厚重材质,如皮革、原木等,传递品牌的历史感和故事性。

4. 品牌互动体验与情感连接

现代消费者在购物过程中更加注重情感连接,店面空间设计应注重打造与顾客的互动,增强品牌的亲和力和用户黏性。

- 互动体验区的设计:通过设置互动体验区,鼓励顾客在店内进行产品试用、互动或拍照打卡。例如,美妆品牌可以设立试妆台,顾客可以试用不同的产品;或者设立拍照墙,鼓励顾客拍照并分享到社交媒体。
- 情感化设计:店面设计中融入温暖、关怀的元素,能够提升顾客的情感体验。例如,一些零售品牌会在店内提供舒适的休息区,或者为带孩子的家庭提供儿童游乐区,增强顾客购物的愉悦感。

店面设计的细节与优化

线下店面设计不仅需要从宏观层面规划，还应关注细节的优化，确保每个细节都能提升顾客体验和品牌价值。

1. 服务流程与空间设计的配合

服务流程与空间设计密切相关。良好的服务体验依赖合理的空间布局和动线设计，确保顾客能够在店内轻松获得帮助和指导。

- 服务台与收银台的布局：服务台和收银台应设置在便于顾客找到且不会阻碍动线的地方。例如，大型购物中心的收银台通常位于出口附近，便于顾客结账离店，而服务台则设置在入口附近的明显的位置，方便顾客随时咨询。

2. 季节性与节日氛围的打造

根据不同的季节和节日，店面设计应灵活调整，以吸引顾客并营造特定的消费氛围。例如，在中秋节、春节、圣诞节等节日，店面可以通过装饰、灯光、音乐等元素，营造浓厚的节日氛围。

- 节日装饰的灵活性：节日装饰应便于安装和更换，避免对店面整体设计造成影响。品牌应提前规划好不同节日的装饰主题，并在节日前夕及时布置，营造吸引力和话题性。

店面设计中的数据与科技应用

随着数字化时代的到来,线下店面设计不仅仅涉及物理空间的设计,更需要融入数据分析与科技创新。

1. 顾客行为数据分析

通过智能设备和数据分析,企业可以深入了解顾客在店内的行为路径和购买偏好,从而优化店面设计和商品陈列。例如,使用顾客流量分析工具,可以监测顾客在店内的动线,识别出顾客停留时间较长的区域,优化商品陈列策略。

2. 增强现实(AR)与虚拟现实(VR)

AR和VR技术能够为顾客提供更加沉浸的购物体验。例如,家具品牌可以通过AR技术让顾客在手机上模拟家具摆放效果,帮助他们在实际购买前做出决策。VR技术则可以让顾客通过虚拟导览的方式,提前体验不同产品的使用效果。

作者简介

雷远兮 | 品牌竞争力构建专家

专注品牌战略15年,长期深研"商业模式""情绪爆品""情绪营销"等核心理论,打造出了一套系统化、可复制的品牌构建方法论。擅长从宏观趋势中精准识别市场机会,以策略驱动破局创新,帮助品牌在新消费、人工智能、高端制造等多个领域快速建立差异化壁垒。曾服务TCL集团、达实集团、鑫鑫农业集团、通威集团、国通控股集团、华大基因、大润发、夏普、益海嘉里、八马茶业、居然之家等数十家企业,持续推动客户实现品牌升级与业绩跃升,创造长期卓越的商业价值。

谢省兵 | 实战派品牌战略专家

专注品牌全案策划15年,以"策略+创意+落地"三维驱动构建品牌长效竞争力。擅长通过深度市场洞察挖掘品牌基因,独创"品牌价值增长三驱模型",系统性解决品牌定位模糊、形象老化、增长乏力等核心问题,打造出了"战略-运营-增长"闭环体系。累计操盘50多个品牌升级项目,横跨新消费、人工智能、高端制造等前沿领域,成功助力多家企业实现品牌溢价的增长和市场占有率的提升。服务客户包括500强集团与独角兽企业,构建可量化评估的品牌建设体系,持续为企业在数字化时代打造高价值品牌资产。